Guida Pratica all'Auto-Pubblicazione su Amazon KDP

Dalla Creazione alla Vendita di Libri di Successo

Indice

I. Introduzione all'Auto-Pubblicazione su Amazon KDP...17

1. Cos'è Amazon KDP..............................17

2. Vantaggi dell'auto-pubblicazione su Amazon KDP.18

3. Processo di pubblicazione su Amazon KDP..........20

4. Chi può beneficiare dall'auto-pubblicazione su Amazon KDP............................22

5.Cosa aspettarsi da questa guida...............24

II. Preparativi Preliminari: Ricerca di Mercato e Analisi della Concorrenza.................................27

1. Definizione degli obiettivi di ricerca.............27

2. Metodi di raccolta dati............................28

3. Analisi della domanda di mercato................30

4. Valutazione della concorrenza...................32

5. Identificazione delle opportunità di posizionamento 33

III. Creazione di Contenuti di Qualità.................37

1. Ideazione e Sviluppo del Concept.................37

2. Definizione del Pubblico Target....................39

3. Ricerca e Documentazione.........................40

4. Strutturazione del Contenuto......................42

5. Scrittura e Revisione...............................44

IV. Design della Copertina e del Layout..............47

1. Importanza della Copertina: Il Primo Impatto con il Lettore...............................47

2. Elementi Essenziali del Design della Copertina: Scelta di Immagini e Grafica............48

3. Layout del Testo: Organizzazione e Leggibilità......50

4. Utilizzo dei Colori nel Design della Copertina: Psicologia e Impatto Visivo............52

5. Tipografia e Font: Scegliere il Carattere Giusto per il Tuo Libro............54

6. Creazione di Copertine Efficaci per Diversi Generi Letterari............56

7. Lavorare con un Grafico o Utilizzare Strumenti di Design Online: Opzioni e Considerazioni............58

8. Dimensioni e Formati: Adattare la Copertina alle Specifiche di Amazon KDP............60

9. Test di Feedback e Iterazioni: Perfezionare il Design della Copertina............62

10. Copertine per Libri Fisici vs Ebook: Considerazioni e Differenze............63

V. Pubblicazione su Amazon KDP............67

1. Creazione di un Account su Amazon KDP............67

2. Caricamento del Manoscritto: Formati Supportati e Linee Guida............68

3. Configurazione delle Opzioni di Pubblicazione: Ebook, Cartaceo o Entrambi............69

4. Impostazione del Prezzo di Vendita: Strategie e Considerazioni............71

5. Revisione Anteprima e Approvazione del Libro......72

6. Pianificazione della Data di Pubblicazione: Timing e Aspetti Pratici............74

7. Gestione dei Diritti d'Autore e delle Impostazioni di Royalties............75

8. Distribuzione Globale: Opportunità e Limiti............77

9. Monitoraggio delle Vendite e delle Prestazioni del Libro..78

10. Gestione delle Versioni e delle Aggiornamenti del Libro..80

VI. Marketing e Promozione......................................83

1. Strategie di Marketing Online.............................83

2. Utilizzo dei Social Media per la Promozione..........84

3. Creazione di Contenuti Coinvolgenti per il Marketing 86

4. Collaborazioni e Partnership nel Settore Editoriale 87

5. Utilizzo delle Newsletter e dell'Email Marketing.....89

6. Partecipazione a Eventi e Fiere del Libro..............90

7. Strategie di Pubblicità a Pagamento: PPC e Display Ads..92

8. Sfruttare il Potere del Marketing Virale.................93

VII. Utilizzo di Strumenti di Promozione su Amazon 95

1. Ottimizzazione del profilo autore su Amazon.........95

2. Utilizzo delle recensioni per aumentare la visibilità 96

3. Strategie di promozione attraverso le pagine del libro..98

4. Campagne pubblicitarie tramite Amazon Advertising 99

5. Sfruttare le promozioni e gli sconti offerti da Amazon 101

6. Utilizzo dei tag Kindle per migliorare la ricerca.....102

7. Creazione di un trailer o video promozionale per il libro su Amazon.................................104

8. Monitoraggio delle prestazioni con strumenti di analisi dei dati......105

VIII. Creazione di una Pagina Autore Efficace........107

1. Importanza della Pagina Autore su Amazon........107

2. Elementi Chiave per una Pagina Autore Efficace.108

3. Utilizzo delle Biografie per Coinvolgere i Lettori...110

4. Ottimizzazione delle Immagini e dei Contenuti sulla Pagina Autore......112

5. Strategie per Aumentare l'Attrattiva e l'Engagement della Pagina Autore......114

IX. Sfruttare il Potere delle Recensioni dei Clienti...117

1. Importanza delle Recensioni: Guida all'Influenza del Feedback dei Clienti......117

2. Strategie per Ottenere Recensioni Autentiche e Positive......118

3. Gestione delle Recensioni Negative: Approcci e Strategie Efficaci......120

4. Utilizzo delle Recensioni per Migliorare il Posizionamento e le Vendite......121

5. Monitoraggio delle Recensioni e Risposte Tempestive: Chiave per una Gestione Efficace..123

X. Ottimizzazione delle Metadati per la Visibilità del Libro......127

1. Selezione delle Parole Chiave Rilevanti per il Tuo Libro......127

2. Creazione di Descrizioni Coinvolgenti e Persuasive 128

3. Utilizzo Efficace delle Categorie di Amazon........130

4. Ottimizzazione dei Titoli e dei Sottotitoli del Libro 132

5. Gestione delle Etichette e dei Tag per la Massima Visibilità........................134

6. Implementazione di Strategie di SEO per Migliorare il Posizionamento........................136

XI. Gestione dei Diritti d'Autore e delle Impostazioni di Prezzo........................139

1. Strategie di Impostazione dei Prezzi per Massimizzare i Profitti........................139

2. Diritti d'Autore: Gestione e Protezione degli Interessi dell'Autore........................140

3. Tariffe di Royalties: Definizione e Ottimizzazione dei Guadagni........................142

4. Controllo dei Diritti d'Autore: Normative e Procedure da Seguire........................143

5. Impostazioni di Prezzo dinamiche: Adattarsi al Mercato e alle Tendenze........................145

XII. Distribuzione Globale e Opzioni di Espansione 147

1. Opzioni di Distribuzione Globale: Analisi delle Piattaforme Internazionali........................147

2. Strategie di Espansione dei Mercati Esterni: Approcci e Considerazioni........................149

3. Adattamento del Contenuto per il Pubblico Internazionale: Linee Guida Pratiche........................151

4. Negoziazione dei Diritti di Distribuzione: Consigli e Suggerimenti........................153

5. Sfruttare le Opportunità del Mercato Globale: Tattiche Vincenti........................155

6. Affrontare le Sfide della Distribuzione Internazionale: Soluzioni Pratiche........................156

XIII. Strategie di Pricing per Massimizzare i Ricavi 159

1. Analisi dei Dati di Mercato: Fondamenta per una Strategia di Pricing Efficace................159

2. Dynamic Pricing: Adattare i Prezzi alle Fluttuazioni del Mercato................160

3. Pricing Discrimination: Ottimizzare le Offerte per Diversi Segmenti di Clientela................162

4. Bundling Strategico: Massimizzare il Valore per il Cliente e i Ricavi................164

5. Strategie di Prezzo Promozionale: Sfruttare le Opportunità di Vendita Temporanea................166

XIV. Utilizzo delle Promozioni e degli Sconti................169

1. Sconti Temporanei: Strategie per Generare Interesse................169

2. Promozioni a Tempo Limitato: Creare Urgenza per Incrementare le Vendite................171

3. Bundling Strategico: Offerte Combinate per Massimizzare il Valore................173

4. Coupon e Codici Sconto: Coinvolgere i Lettori con Offerte Personalizzate................174

5. Strategie di Marketing Integrato: Promuovere le Offerte in Modo Efficace................176

XV. Gestione delle Versioni Cartacee e Ebook................179

1. Vantaggi e Sfide nell'Offrire Versioni Cartacee ed Ebook................179

2. Conversione da Ebook a Formato Cartaceo: Procedure e Linee Guida................180

3. Distribuzione delle Versioni Cartacee: Strategie e Opzioni di Stampa................182

4. Distribuzione degli Ebook: Piattaforme e Tecniche di Pubblicazione Digitale................183

5. Gestione dei Diritti d'Autore per Versioni Cartacee ed Ebook: Considerazioni Legal................184

6. Marketing Differenziato: Approcci per Promuovere Versioni Cartacee ed Ebook................186

7. Feedback dei Lettori: Raccolta e Utilizzo per Migliorare Versioni Cartacee ed Ebook................187

8. Ottimizzazione dei Costi di Produzione: Bilanciare Risorse per Versioni Cartacee ed Ebook................189

XVI. Monitoraggio delle Vendite e Analisi dei Dati 191

1. Strumenti di Monitoraggio delle Vendite: Analisi dei Dati in Tempo Reale................191

2. Analisi dei Trend di Vendita: Identificare Pattern e Fluttuazioni................192

3. Segmentazione del Mercato: Definire Target e Sottogruppi di Clientela................194

4. Valutazione delle Prestazioni dei Prodotti: Misurare Successi e Sfide................196

5. Ottimizzazione delle Strategie di Pricing: Adattare Offerte e Promozioni................198

6. Implementazione di Migliorie Basate sui Dati: Ottimizzare le Performance di Vendita................199

XVII. Coinvolgimento della Community e Interazione con i Lettori................203

1. Creare un Forum Online: Spazi di Discussione per Lettori Appassionati................203

2. Webinar Interattivi: Coinvolgere i Lettori con Eventi in Tempo Reale................204

3. Gruppi di Lettura Virtuali: Condividere Idee e Opinioni tra Lettori......206

4. Campagne Social Media: Coinvolgere la Community con Contenuti Coinvolgenti......207

5. Incontri in Libreria: Eventi dal Vivo per un Coinvolgimento Autentico......208

XVIII. Migliorare Continuamente la Qualità del Libro......211

1. Revisione Stilistica e Linguistica: Affinare la Scrittura......211

2. Ottimizzazione della Trama e dello Svolgimento Narrativo......212

3. Analisi dei Personaggi: Profondità e Sviluppo Psicologico......214

4. Punteggiatura e Struttura delle Frasi: Chiarezza e Coerenza......216

5. Editing Professionale: Consulenza e Revisione Esterna......218

6. Test di Lettura Beta: Feedback dei Lettori Prima della Pubblicazione......219

7. Monitoraggio delle Recensioni e Adattamento Continuo......221

XIX. Affrontare le Sfide e le Critiche......223

1. Gestione costruttiva delle critiche: Approcci positivi e strategie di risposta......223

2. Affrontare le critiche negative: Strategie per trasformarle in opportunità di miglioramento......224

3. Resilienza e determinazione: Affrontare le sfide dell'autore nell'industria editoriale......226

4. Superare le difficoltà del processo creativo:
Strategie per mantenere la motivazione e la fiducia
....227

5. Gestione dello stress e dell'autodubbio: Consigli
pratici per affrontare le sfide dell'autore..............229

XX. Prospettive Future: Adattarsi alle Tendenze del
Mercato e Innovare...231

1. Analisi delle Tendenze del Mercato: Sfide e
Opportunità per gli Autori.....................................231

2. Innovazione nel Processo di Scrittura: Nuove
Tecnologie e Approcci Creativi............................233

3. Adattamento alle Preferenze dei Lettori:
Personalizzazione e Segmentazione.................235

4. Strategie di Marketing Avanzate: Dalla
Targettizzazione alla Fidelizzazione..................236

5. Sviluppo di Nuovi Formati di Contenuto: Esplorare le
Frontiere della Narrazione...................................238

Alla fine di questo libro troverai un regalo esclusivo!

Guida Pratica all'Auto-Pubblicazione su Amazon KDP

Dalla Creazione alla Vendita di Libri di Successo

I. Introduzione all'Auto-Pubblicazione su Amazon KDP

1. Cos'è Amazon KDP

Amazon Kindle Direct Publishing (KDP) rappresenta una rivoluzione nel mondo dell'editoria, offrendo agli autori di ogni genere e livello di esperienza l'opportunità unica di pubblicare e distribuire i propri libri in formato ebook e cartaceo direttamente sulla piattaforma online più grande del mondo. Lanciato nel lontano 2007, KDP ha radicalmente trasformato il modo in cui gli scrittori accedono al mercato editoriale, eliminando gli ostacoli tradizionali associati alle case editrici convenzionali e mettendo il potere della pubblicazione direttamente nelle mani degli autori stessi.

Questo strumento rivoluzionario consente agli autori di avere un controllo completo su ogni aspetto del processo di pubblicazione, dall'editing alla formattazione, dalla determinazione del prezzo alla distribuzione, garantendo così una libertà creativa e decisionale senza precedenti. Inoltre, KDP offre un modello di royalty competitivo che consente agli autori di guadagnare una percentuale significativa delle vendite, senza intermediari o costi nascosti.

Ma le potenzialità di KDP non si limitano alla mera pubblicazione dei libri. La piattaforma offre una vasta gamma di strumenti e risorse per aiutare gli autori a promuovere i propri lavori e a raggiungere un pubblico più ampio. Dalle campagne pubblicitarie mirate alle promozioni speciali, dalla gestione delle recensioni all'ottimizzazione dei metadati, Amazon KDP fornisce agli autori tutto ciò di cui hanno bisogno per massimizzare la visibilità e le vendite dei propri libri.

Inoltre, grazie alla sua portata globale e alla sua ampia base di clienti, Amazon KDP offre agli autori la possibilità di raggiungere lettori in tutto il mondo, garantendo una distribuzione internazionale senza problemi e aprendo nuove opportunità di crescita e successo.

In sintesi, Amazon KDP rappresenta molto più di una semplice piattaforma di pubblicazione: è un potente alleato per gli autori indipendenti che desiderano portare i propri libri sul mercato in modo efficace ed efficiente, sfruttando al massimo le opportunità offerte dalla rivoluzione digitale.

2. Vantaggi dell'auto-pubblicazione su Amazon KDP

L'auto-pubblicazione su Amazon KDP offre una serie di vantaggi unici e significativi per gli autori che desiderano portare i propri libri sul mercato in modo indipendente e autonomo.

Innanzitutto, uno dei vantaggi principali è la velocità e l'efficienza del processo di pubblicazione. Con KDP, gli autori possono caricare i propri manoscritti e metterli immediatamente a disposizione dei lettori senza dover attendere mesi per ottenere una risposta da parte di una casa editrice tradizionale. Questo significa che gli autori possono raggiungere il loro pubblico più rapidamente e capitalizzare sul momentum creato dalla pubblicazione.

Inoltre, l'auto-pubblicazione su Amazon KDP offre un grado di controllo e flessibilità senza precedenti agli autori. Gli autori hanno il pieno controllo su ogni aspetto del processo di pubblicazione, dal design della copertina alla determinazione del prezzo, consentendo loro di adattare la strategia di pubblicazione alle proprie esigenze e obiettivi specifici. Questo grado di libertà creativa consente agli autori di esplorare nuove idee e sperimentare con diversi formati e generi senza le restrizioni imposte dalle case editrici tradizionali.

Inoltre, l'auto-pubblicazione su Amazon KDP offre agli autori una maggiore trasparenza e controllo sui propri guadagni. Gli autori possono monitorare le vendite in tempo reale tramite il dashboard di KDP e ricevere pagamenti regolari direttamente sul proprio conto bancario, senza dover aspettare i pagamenti trimestrali o annuali tipici delle case editrici tradizionali. Questo permette agli autori di avere una maggiore stabilità finanziaria e di pianificare in modo più efficace il proprio lavoro.

Infine, l'auto-pubblicazione su Amazon KDP offre agli autori un accesso senza precedenti a un vasto pubblico di lettori in tutto il mondo. Con milioni di clienti che visitano il sito di Amazon ogni giorno, gli autori hanno la possibilità di raggiungere un pubblico globale e di far conoscere i propri libri a una vasta gamma di lettori di diverse nazionalità e culture.

In sintesi, l'auto-pubblicazione su Amazon KDP offre agli autori un'opportunità senza precedenti di pubblicare e distribuire i propri libri in modo rapido, flessibile e redditizio, consentendo loro di raggiungere un pubblico globale e di avere un maggiore controllo sui propri guadagni e sulla propria carriera letteraria.

3. Processo di pubblicazione su Amazon KDP

Il processo di pubblicazione su Amazon KDP è un processo relativamente semplice e intuitivo, progettato per consentire agli autori di caricare e mettere in vendita i propri libri con facilità e rapidità.

La prima fase del processo di pubblicazione su Amazon KDP è la creazione di un account. Gli autori possono registrarsi gratuitamente su KDP utilizzando il proprio account Amazon esistente o creandone uno nuovo. Una volta effettuato l'accesso, gli autori possono accedere al dashboard di KDP, dove troveranno tutte le informazioni e gli strumenti necessari per pubblicare e gestire i propri libri.

La fase successiva è il caricamento del manoscritto. Gli autori possono caricare il loro testo in formato Word, PDF o ePub direttamente sul sito web di KDP. Amazon fornisce linee guida dettagliate sulla formattazione del testo e sulla preparazione dei file per garantire una visualizzazione ottimale su tutti i dispositivi Kindle e Kindle reading apps. Una volta caricato il manoscritto, gli autori hanno la possibilità di visualizzare un'anteprima del libro e apportare eventuali modifiche prima di procedere alla pubblicazione.

Dopo aver caricato il manoscritto, gli autori devono inserire le informazioni del libro, tra cui il titolo, l'autore, la descrizione, le parole chiave e la categoria. Queste informazioni aiutano i lettori a trovare il libro su Amazon e sono cruciali per il successo del libro sul mercato. Gli autori possono anche caricare una copertina personalizzata o utilizzare il generatore di copertine di KDP per creare una copertina professionale in pochi minuti.

Una volta completati tutti i passaggi precedenti, gli autori possono impostare il prezzo e le opzioni di distribuzione del loro libro. Amazon offre una serie di opzioni di prezzo, inclusi i prezzi fissi e dinamici, così come la possibilità di offrire il libro gratuitamente per un periodo limitato attraverso promozioni e sconti. Gli autori possono anche scegliere se rendere il libro disponibile solo su Amazon o estendere la distribuzione ad altri canali come Kindle Unlimited e Kindle Owners' Lending Library.

Infine, una volta che tutte le impostazioni sono state configurate, gli autori possono pubblicare il loro libro e renderlo disponibile per l'acquisto su Amazon. Il libro sarà disponibile per l'acquisto entro poche ore e gli autori potranno monitorare le vendite e le recensioni attraverso il dashboard di KDP.

In sintesi, il processo di pubblicazione su Amazon KDP è un processo semplice e intuitivo che consente agli autori di pubblicare i propri libri in modo rapido ed efficace, mettendo il potere della pubblicazione direttamente nelle loro mani.

4. Chi può beneficiare dall'auto-pubblicazione su Amazon KDP

L'auto-pubblicazione su Amazon KDP offre opportunità senza precedenti per una vasta gamma di autori, consentendo loro di raggiungere i propri obiettivi editoriali e finanziari in modo rapido ed efficace.

In primo luogo, gli autori esordienti possono beneficiare enormemente dall'auto-pubblicazione su Amazon KDP. Per gli scrittori emergenti che stanno cercando di farsi strada nel mondo dell'editoria, KDP offre un modo accessibile e diretto per pubblicare i propri libri e far conoscere il proprio lavoro a un pubblico più ampio. Senza la necessità di agenti letterari o contratti con case editrici tradizionali, gli autori esordienti possono portare i propri libri sul mercato senza dover superare le barriere e le sfide associate al tradizionale percorso editoriale.

Inoltre, gli autori indipendenti possono beneficiare dall'auto-pubblicazione su Amazon KDP come mezzo per mantenere un controllo completo sulla propria carriera letteraria. Per gli autori che desiderano mantenere la piena proprietà dei propri diritti d'autore e avere il controllo su ogni aspetto della pubblicazione dei propri libri, KDP offre un'alternativa attraente alle case editrici tradizionali. Gli autori possono decidere autonomamente la formattazione, il prezzo e la strategia di marketing dei propri libri, garantendo così una maggiore flessibilità e autonomia nel processo decisionale.

Inoltre, gli autori esperti possono beneficiare dall'auto-pubblicazione su Amazon KDP come mezzo per diversificare le proprie fonti di reddito e raggiungere nuovi mercati. Per gli autori che hanno già pubblicato con successo con case editrici tradizionali o che hanno una base di fan consolidata, KDP offre l'opportunità di espandere ulteriormente il proprio pubblico e generare entrate supplementari attraverso la pubblicazione di nuovi libri o la ripubblicazione di opere esaurite.

Infine, gli autori di nicchia o specializzati possono beneficiare dall'auto-pubblicazione su Amazon KDP come mezzo per raggiungere un pubblico altamente mirato e specializzato. Per gli autori che scrivono in settori di nicchia o per pubblici di nicchia, KDP offre la possibilità di raggiungere direttamente i propri lettori ideali senza dover passare attraverso i canali di distribuzione tradizionali. Questo può consentire agli autori di raggiungere un pubblico più piccolo ma più dedicato e appassionato, garantendo un maggiore coinvolgimento e successo nel lungo termine.

In sintesi, l'auto-pubblicazione su Amazon KDP offre opportunità senza precedenti per una vasta gamma di autori, consentendo loro di raggiungere i propri obiettivi editoriali e finanziari in modo rapido, efficace e autonomo.

5.Cosa aspettarsi da questa guida

"Cosa aspettarsi da questa guida" è una domanda cruciale per chi si avvicina all'auto-pubblicazione su Amazon KDP. Questa guida è stata appositamente progettata per offrire agli autori un approccio completo e dettagliato su come creare e vendere libri di successo sulla piattaforma KDP.

In questa guida, gli autori possono aspettarsi di trovare istruzioni dettagliate su ogni fase del processo di pubblicazione, dalla preparazione del manoscritto alla promozione del libro una volta pubblicato. Saranno forniti consigli pratici, esempi concreti e tecniche collaudate per aiutare gli autori a navigare attraverso le sfide e le opportunità dell'auto-pubblicazione su Amazon KDP.

In particolare, gli autori possono aspettarsi di imparare come formattare correttamente il loro testo per garantire una visualizzazione ottimale su tutti i dispositivi Kindle e Kindle reading apps. Saranno guidati attraverso il processo di creazione di una copertina accattivante e professionale e di impostazione del prezzo ottimale per massimizzare le vendite e i guadagni.

Inoltre, questa guida fornirà strategie efficaci per la promozione e la commercializzazione dei libri su Amazon KDP. Gli autori impareranno come utilizzare le promozioni e gli sconti a loro vantaggio, come ottenere recensioni autentiche e positive e come ottimizzare i metadati del loro libro per massimizzare la visibilità e le vendite.

Ma questa guida non si ferma qui. Gli autori possono aspettarsi anche di trovare informazioni dettagliate su come monitorare le vendite e analizzare i dati per valutare il successo del loro libro nel tempo. Saranno forniti suggerimenti su come affrontare le sfide e le critiche, come migliorare continuamente la qualità del proprio lavoro e come adattarsi alle tendenze del mercato per rimanere competitivi nel lungo termine.

In sintesi, questa guida offre agli autori tutto ciò di cui hanno bisogno per avere successo nell'auto-pubblicazione su Amazon KDP, fornendo istruzioni dettagliate, esempi pratici e tecniche collaudate per creare e vendere libri di successo. Che tu sia un autore esordiente o esperto, questa guida sarà il tuo compagno affidabile nel tuo viaggio verso il successo editoriale.

II. Preparativi Preliminari: Ricerca di Mercato e Analisi della Concorrenza

1. Definizione degli obiettivi di ricerca

Nel processo di preparazione preliminare per l'auto-pubblicazione su Amazon KDP, la definizione degli obiettivi di ricerca rappresenta un fondamentale punto di partenza. Questo paragrafo si propone di esplorare in dettaglio l'importanza di stabilire chiaramente gli obiettivi della ricerca di mercato e analisi della concorrenza.

Prima di intraprendere qualsiasi azione, è essenziale che gli autori comprendano appieno ciò che si propone di raggiungere attraverso la ricerca di mercato. Gli obiettivi possono variare ampiamente in base alle esigenze specifiche dell'autore e del libro in questione. Alcuni potrebbero desiderare di identificare il loro pubblico di destinazione in modo più preciso, mentre altri potrebbero essere interessati a valutare la domanda di mercato per un certo genere letterario. Altri ancora potrebbero avere l'obiettivo di individuare le lacune nel mercato editoriale per posizionare il proprio libro in modo unico e competitivo.

Una corretta definizione degli obiettivi di ricerca richiede una riflessione approfondita sulle priorità dell'autore e sugli obiettivi a lungo termine per il proprio libro. Questo può includere la determinazione di metriche chiave di successo, come il numero di copie vendute, il grado di soddisfazione dei lettori o la visibilità del libro sul mercato. Inoltre, è importante considerare la portata temporale degli obiettivi, stabilendo se si tratta di risultati immediati o di un successo a lungo termine nel panorama editoriale.

Affrontare in modo esplicito e chiaro gli obiettivi di ricerca fornisce una guida fondamentale per tutte le fasi successive del processo di pubblicazione. Questi obiettivi aiutano a informare le decisioni prese lungo il percorso, dalla raccolta dei dati alla valutazione delle informazioni ottenute e alla formulazione di strategie di marketing e promozione efficaci.

In conclusione, la definizione degli obiettivi di ricerca costituisce il fondamento su cui si basa l'intero processo di preparazione preliminare per l'auto-pubblicazione su Amazon KDP. È un passo cruciale che richiede attenzione e precisione per garantire il successo e la rilevanza del libro sul mercato editoriale.

2. Metodi di raccolta dati

Nel processo di preparazione preliminare per l'auto-pubblicazione su Amazon KDP, la raccolta dei dati gioca un ruolo fondamentale nel fornire agli autori informazioni preziose per prendere decisioni informate e strategiche. Questo paragrafo esplorerà una serie di metodi di raccolta dati che gli autori possono utilizzare per ottenere una comprensione approfondita del mercato e della concorrenza.

Uno dei metodi più comuni per la raccolta dei dati è l'utilizzo di ricerche di mercato primarie e secondarie. Le ricerche di mercato primarie coinvolgono la raccolta diretta di informazioni attraverso sondaggi, interviste, focus group e osservazioni dirette. Questo approccio consente agli autori di ottenere informazioni di prima mano sul comportamento dei consumatori, sulle preferenze di lettura e sui trend di mercato. Le ricerche di mercato secondarie, d'altra parte, coinvolgono l'analisi di dati già esistenti, come report di settore, studi di mercato e analisi dei dati di vendita. Questo approccio può fornire agli autori una panoramica più ampia del mercato e delle tendenze di settore.

Un altro metodo di raccolta dati è l'analisi delle recensioni dei clienti e dei feedback degli utenti. Le recensioni su Amazon e altri siti di vendita online possono fornire agli autori una preziosa fonte di informazioni sulle opinioni dei lettori, sui punti di forza e debolezza del proprio libro e sulle aspettative del pubblico. Esaminare attentamente le recensioni può aiutare gli autori a identificare aree di miglioramento e a sviluppare strategie per soddisfare le esigenze dei lettori.

Inoltre, gli autori possono utilizzare strumenti di analisi dei dati online per raccogliere e interpretare dati quantitativi sui modelli di ricerca e acquisto dei lettori. Strumenti come Google Analytics e Amazon Sales Dashboard consentono agli autori di monitorare le tendenze di ricerca, le conversioni di vendita e altre metriche chiave di performance. Queste informazioni possono essere utilizzate per ottimizzare le strategie di marketing e promozione e massimizzare le opportunità di vendita.

Infine, la collaborazione con professionisti del settore, come consulenti di marketing o esperti di ricerca di mercato, può fornire agli autori un supporto aggiuntivo nella raccolta e nell'interpretazione dei dati. Questi professionisti possono offrire competenze specializzate e risorse per affrontare sfide complesse e ottenere risultati significativi.

In conclusione, la raccolta dei dati rappresenta un passo essenziale nel processo di preparazione per l'auto-pubblicazione su Amazon KDP. Utilizzando una combinazione di metodi di ricerca, gli autori possono ottenere una panoramica completa del mercato e della concorrenza, consentendo loro di prendere decisioni informate e strategiche per il successo del proprio libro.

3. Analisi della domanda di mercato

Nel contesto dell'auto-pubblicazione su Amazon KDP, l'analisi della domanda di mercato riveste un ruolo cruciale nel determinare il potenziale successo di un libro sul mercato. Questo paragrafo si propone di esplorare in profondità l'importanza di condurre un'analisi approfondita della domanda di mercato e i metodi per farlo in modo efficace.

Prima di tutto, è essenziale comprendere la domanda di mercato per il genere e il tipo di libro che si intende pubblicare. Ciò significa valutare la popolarità del genere letterario tra i lettori, l'andamento delle vendite nel settore e le tendenze emergenti che potrebbero influenzare la domanda futura. Questa analisi può essere condotta attraverso l'osservazione delle classifiche di vendita su Amazon, l'esplorazione di siti web e forum letterari, e la consultazione di report di settore e studi di mercato.

Un altro aspetto cruciale dell'analisi della domanda di mercato è la comprensione delle esigenze e dei desideri del pubblico di riferimento. Gli autori devono identificare chiaramente il proprio pubblico target e valutare quali tipi di libri siano più richiesti da questo segmento di mercato. Ciò può richiedere la conduzione di sondaggi o interviste con potenziali lettori, nonché l'esame delle recensioni e dei feedback su libri simili nel genere.

Inoltre, è importante considerare fattori esterni che potrebbero influenzare la domanda di mercato per il proprio libro, come eventi culturali, tendenze sociali o sviluppi tecnologici. Ad esempio, un libro su un argomento di attualità potrebbe beneficiare di un'analisi approfondita delle notizie e degli eventi che potrebbero influenzare l'interesse dei lettori.

Infine, l'analisi della domanda di mercato dovrebbe includere una valutazione della concorrenza e dei libri simili già presenti sul mercato. Gli autori devono esaminare attentamente i libri dei concorrenti, valutandone i punti di forza e le debolezze, così come le strategie di marketing e promozione utilizzate. Questo può aiutare gli autori a identificare opportunità di posizionamento uniche e a sviluppare strategie per distinguere il proprio libro dalla concorrenza.

In conclusione, l'analisi della domanda di mercato è un passo fondamentale nel processo di preparazione per l'auto-pubblicazione su Amazon KDP. Condurre un'analisi approfondita della domanda di mercato può aiutare gli autori a comprendere meglio il proprio pubblico target, valutare il potenziale successo del proprio libro e sviluppare strategie di marketing e promozione mirate.

4. Valutazione della concorrenza

La valutazione della concorrenza rappresenta un passaggio fondamentale nel processo di preparazione per l'auto-pubblicazione su Amazon KDP, poiché consente agli autori di comprendere il contesto in cui il proprio libro sarà lanciato sul mercato e di identificare le opportunità e le sfide che potrebbero incontrare lungo il percorso.

Innanzitutto, gli autori dovrebbero esaminare attentamente i libri simili già presenti sul mercato. Questo include non solo i titoli concorrenti diretti nel medesimo genere, ma anche i libri che trattano argomenti simili o che si rivolgono allo stesso pubblico di destinazione. L'analisi dei libri concorrenti può fornire agli autori una panoramica delle tendenze del settore, dei gusti dei lettori e delle strategie di marketing efficaci.

Una volta identificati i libri concorrenti, gli autori possono procedere con una valutazione approfondita dei loro punti di forza e delle loro debolezze. Questo può includere l'esame delle recensioni dei clienti e dei feedback degli utenti, così come l'analisi delle copertine, dei titoli e delle descrizioni dei libri concorrenti. Gli autori dovrebbero cercare di capire cosa rende questi libri attraenti per i lettori e come possono differenziarsi in modo unico e rilevante.

Inoltre, è importante esaminare le strategie di marketing e promozione utilizzate dai concorrenti. Questo può includere l'analisi delle attività sui social media, delle campagne pubblicitarie e delle partecipazioni a eventi letterari o fiere del libro. Gli autori possono trarre ispirazione da queste strategie e sviluppare il proprio piano di marketing personalizzato per promuovere il proprio libro in modo efficace e mirato.

Un aspetto importante della valutazione della concorrenza è anche l'analisi delle prestazioni di vendita dei libri concorrenti. Gli autori possono esaminare le classifiche di vendita su Amazon e altri siti di distribuzione per valutare le tendenze di vendita nel settore e identificare i libri che hanno avuto successo nel raggiungere il proprio pubblico target. Questo può aiutare gli autori a fissare obiettivi realistici per le vendite del proprio libro e a sviluppare strategie per raggiungere tali obiettivi.

In conclusione, la valutazione della concorrenza è un passo essenziale nel processo di preparazione per l'auto-pubblicazione su Amazon KDP. Condurre un'analisi approfondita dei libri concorrenti può aiutare gli autori a comprendere meglio il mercato editoriale, identificare opportunità di posizionamento uniche e sviluppare strategie di marketing e promozione mirate per il successo del proprio libro.

5. Identificazione delle opportunità di posizionamento

L'identificazione delle opportunità di posizionamento rappresenta un passaggio cruciale per gli autori che desiderano massimizzare il successo della propria pubblicazione su Amazon KDP. Questo paragrafo si propone di esplorare approfonditamente i diversi aspetti da considerare nell'individuare e sfruttare al meglio le opportunità di posizionamento per il proprio libro.

Innanzitutto, gli autori dovrebbero valutare attentamente il contesto competitivo in cui il loro libro sarà inserito e cercare di individuare spazi vuoti o aree di nicchia che possono essere sfruttati a loro vantaggio. Questo può significare identificare argomenti poco trattati o approcci originali che possono catturare l'attenzione dei lettori e distinguere il proprio libro dalla concorrenza.

Inoltre, gli autori dovrebbero considerare attentamente il pubblico di destinazione del loro libro e cercare di identificare i bisogni e i desideri non soddisfatti di questo segmento di mercato. Questo può includere la valutazione delle tendenze di consumo e delle preferenze dei lettori, così come l'analisi delle esigenze specifiche del pubblico target in termini di contenuti, formati e prezzi.

Un altro aspetto importante nell'identificare le opportunità di posizionamento è comprendere appieno i punti di forza unici del proprio libro e come questi possono essere valorizzati per attirare l'attenzione dei lettori. Questo può includere elementi distintivi come lo stile di scrittura dell'autore, la profondità dell'argomento trattato, la novità delle idee presentate o l'autorevolezza dell'autore nel settore.

Inoltre, gli autori dovrebbero esplorare le diverse opzioni di formattazione e presentazione del proprio libro per massimizzare l'attrattiva visiva e la fruibilità del testo. Questo può includere l'utilizzo di immagini di copertina accattivanti, il design interno del libro e la scelta del formato (eBook, libro cartaceo o audiolibro) in base alle preferenze del pubblico target.

Infine, gli autori dovrebbero sviluppare una strategia di marketing e promozione mirata che sfrutti al meglio le opportunità di posizionamento identificate. Ciò può includere la creazione di un piano di lancio del libro, la partecipazione a eventi letterari o fiere del libro, la collaborazione con influencer o recensori e la creazione di contenuti di valore per attirare e coinvolgere i potenziali lettori.

In conclusione, identificare e sfruttare le opportunità di posizionamento è fondamentale per il successo dell'auto-pubblicazione su Amazon KDP. Gli autori che riescono a individuare e sfruttare in modo efficace le opportunità di posizionamento possono aumentare significativamente le probabilità di successo del proprio libro sul mercato editoriale.

III. Creazione di Contenuti di Qualità

1. Ideazione e Sviluppo del Concept

Nel processo creativo della scrittura di un libro, l'ideazione e lo sviluppo del concept rappresentano le fasi cruciali in cui si definisce l'essenza stessa dell'opera letteraria. Questo paragrafo si propone di esplorare dettagliatamente il processo di generazione e sviluppo delle idee, offrendo agli autori una guida pratica per creare contenuti di qualità che catturino l'attenzione dei lettori.

Per iniziare, è essenziale che gli autori dedichino del tempo alla riflessione e all'ispirazione. Questo può significare immergersi in fonti di ispirazione, come libri, film, musica o esperienze di vita, per stimolare la creatività e generare nuove idee. È importante essere aperti e receptivi alle idee che emergono durante questo processo, anche se possono sembrare insolite o fuori dagli schemi iniziali.

Una volta che le idee iniziali hanno preso forma, è il momento di svilupparle e affinarle. Questo può includere la creazione di schemi, mappe concettuali o outline dettagliati per organizzare le idee in modo logico e coerente. Gli autori dovrebbero cercare di definire chiaramente il tema principale del loro libro, così come i sottotemi o gli argomenti correlati che desiderano esplorare.

Durante il processo di sviluppo del concept, è importante anche considerare il pubblico di destinazione del libro e le sue esigenze e interessi. Gli autori dovrebbero chiedersi: quali sono le domande, i problemi o le passioni del mio pubblico target? Come posso creare contenuti che risuonino con loro e li coinvolgano emotivamente ed intellettualmente? Queste considerazioni possono guidare la direzione della storia o dell'argomento trattato nel libro.

Inoltre, gli autori dovrebbero prestare attenzione alla coerenza e all'originalità del concept. È importante che il concept del libro sia unico e distintivo, in grado di differenziarsi dalla massa e di attrarre l'attenzione dei lettori. Allo stesso tempo, il concept dovrebbe essere coerente con la voce e lo stile dell'autore, garantendo un'esperienza di lettura autentica e coinvolgente.

Infine, è importante essere flessibili durante il processo di ideazione e sviluppo del concept. Le idee possono evolvere e cambiare nel corso del tempo, e gli autori dovrebbero essere disposti a esplorare nuove direzioni e adattare il loro concept di conseguenza. L'importante è rimanere fedeli alla visione originale del libro, mentre si permette alla creatività di fluire liberamente.

In conclusione, l'ideazione e lo sviluppo del concept sono fasi cruciali nella creazione di contenuti di qualità. Gli autori dovrebbero dedicare tempo e attenzione a generare e affinare le loro idee, assicurandosi che il concept del libro sia unico, coerente e in grado di catturare l'immaginazione dei lettori.

2. Definizione del Pubblico Target

Nella fase di creazione di un libro, la definizione del pubblico target riveste un'importanza cruciale per garantire che il contenuto sia accuratamente calibrato per soddisfare le esigenze e i desideri di un determinato gruppo di lettori. Questo paragrafo esplorerà dettagliatamente l'importanza di identificare e comprendere il pubblico target e fornirà agli autori una guida pratica per definire con precisione il proprio pubblico di destinazione.

Per iniziare, gli autori dovrebbero esaminare attentamente il genere e il tema del loro libro e riflettere su quali gruppi demografici potrebbero essere più inclini a essere interessati a quel tipo di contenuto. Questo può includere considerazioni sulla fascia d'età, il genere, l'istruzione, l'occupazione e gli interessi specifici del pubblico di destinazione.

Una volta identificati i potenziali segmenti di pubblico, gli autori dovrebbero condurre ricerche approfondite per comprendere meglio le esigenze, i comportamenti e le preferenze di questi gruppi demografici. Questo può essere fatto attraverso sondaggi, interviste, focus group o analisi dei dati demografici e comportamentali disponibili.

È importante anche considerare il livello di conoscenza e familiarità del pubblico con l'argomento trattato nel libro. Ad esempio, se il libro si rivolge a un pubblico esperto o specialistico, gli autori possono concentrarsi su contenuti più tecnici o approfonditi. Al contrario, se il libro si rivolge a un pubblico generale o principiante, è importante presentare i concetti in modo chiaro e accessibile.

Inoltre, gli autori dovrebbero prestare attenzione alle esigenze emotive e psicologiche del loro pubblico target e cercare di creare contenuti che risuonino con le loro aspirazioni, paure, desideri e valori. Questo può includere la narrazione di storie coinvolgenti, la condivisione di esperienze personali o la presentazione di soluzioni pratiche ai problemi affrontati dal pubblico.

Infine, è importante essere flessibili nella definizione del pubblico target e aperti a modificare e adattare il proprio approccio in base ai feedback e alle reazioni del pubblico. Gli autori dovrebbero essere pronti a sperimentare e a testare diverse strategie di comunicazione e promozione per raggiungere efficacemente il loro pubblico di destinazione.

In conclusione, la definizione del pubblico target è un passaggio fondamentale nella creazione di contenuti di qualità. Gli autori che comprendono appieno le esigenze e i desideri del loro pubblico di destinazione possono creare contenuti più rilevanti, coinvolgenti e soddisfacenti, aumentando così le probabilità di successo del loro libro sul mercato.

3. Ricerca e Documentazione

La fase di ricerca e documentazione è un pilastro imprescindibile nel processo di creazione di contenuti di qualità per un libro destinato all'auto-pubblicazione su Amazon KDP. Questo paragrafo si propone di approfondire l'importanza di condurre una ricerca accurata e di documentare in modo esaustivo le fonti utilizzate durante la fase di scrittura.

Per iniziare, gli autori dovrebbero identificare le fonti primarie e secondarie pertinenti all'argomento trattato nel libro. Le fonti primarie possono includere studi accademici, rapporti di ricerca, interviste con esperti del settore o esperienze personali rilevanti. Le fonti secondarie possono comprendere libri, articoli, blog e pubblicazioni online che forniscono una panoramica approfondita dell'argomento.

Una volta identificate le fonti, è importante condurre una valutazione critica della loro affidabilità e attendibilità. Gli autori dovrebbero verificare la reputazione degli autori, l'accuratezza delle informazioni fornite e la data di pubblicazione delle fonti. Inoltre, è consigliabile consultare più fonti diverse per ottenere una visione completa e bilanciata dell'argomento.

Durante la fase di ricerca, gli autori dovrebbero essere diligenti nel raccogliere e organizzare le informazioni raccolte. Questo può includere la creazione di schede o note di ricerca strutturate, la suddivisione delle informazioni in categorie o argomenti correlati e la conservazione di citazioni e riferimenti utili per la fase di scrittura.

È importante anche essere flessibili e aperti a esplorare nuove fonti e prospettive durante il processo di ricerca. La scoperta di nuove informazioni o punti di vista può arricchire il contenuto del libro e offrire ai lettori una prospettiva più ampia sull'argomento trattato.

Infine, è fondamentale attribuire correttamente le fonti utilizzate durante la fase di scrittura per garantire l'onestà intellettuale e rispettare i diritti d'autore. Gli autori dovrebbero citare accuratamente tutte le fonti utilizzate, seguendo le linee guida stilistiche appropriate, e assicurarsi di ottenere eventuali autorizzazioni necessarie per l'utilizzo di materiale protetto da copyright.

In conclusione, la ricerca e la documentazione sono fondamentali per la creazione di contenuti di qualità in un libro auto-pubblicato su Amazon KDP. Gli autori che conducono una ricerca approfondita e documentano accuratamente le loro fonti possono garantire la credibilità e l'autenticità del loro lavoro, fornendo ai lettori una lettura informativa e coinvolgente.

4. Strutturazione del Contenuto

La strutturazione del contenuto rappresenta un elemento chiave nella creazione di un libro di successo su Amazon KDP, poiché determina l'organizzazione e la presentazione delle informazioni in modo coerente e chiaro per i lettori. Questo paragrafo si propone di esaminare in dettaglio il processo di strutturazione del contenuto, fornendo agli autori linee guida pratiche per organizzare efficacemente le idee e i materiali del loro libro.

Per iniziare, gli autori dovrebbero considerare attentamente la migliore modalità di organizzazione del contenuto in base al genere e all'argomento del loro libro. Questo può includere la suddivisione del testo in capitoli, sezioni o sottosezioni, in modo da facilitare la navigazione e la comprensione da parte dei lettori.

Una volta definita la struttura generale del libro, gli autori dovrebbero concentrarsi sulla sequenza e sull'ordine delle informazioni all'interno di ciascuna sezione o capitolo. È importante che il contenuto sia presentato in modo logico e progressivo, in modo che i lettori possano seguire facilmente il flusso delle idee e dei concetti trattati.

Durante la fase di strutturazione del contenuto, gli autori dovrebbero anche tenere conto delle esigenze e delle aspettative del loro pubblico target. Questo può influenzare la scelta degli argomenti da trattare, la profondità di analisi di ciascun tema e il linguaggio utilizzato per comunicare le informazioni.

Inoltre, è importante considerare l'inclusione di elementi visivi o multimediali per arricchire il contenuto del libro e rendere l'esperienza di lettura più coinvolgente e stimolante per i lettori. Questo può includere l'utilizzo di immagini, grafici, tabelle o video per illustrare concetti complessi o per aggiungere interesse visivo al testo.

Durante il processo di strutturazione del contenuto, gli autori dovrebbero essere aperti a rivedere e modificare la loro organizzazione in base ai feedback e alle revisioni. È importante essere flessibili e adattare la struttura del libro in base alle esigenze del pubblico e agli obiettivi dell'autore.

Infine, è essenziale che la struttura del contenuto sia chiara, coesa e ben bilanciata, in modo da fornire una presentazione equilibrata e completa delle informazioni trattate nel libro. Gli autori dovrebbero prestare particolare attenzione alla transizione tra i diversi argomenti e alla coerenza del tono e dello stile del testo.

In conclusione, la strutturazione del contenuto è un elemento cruciale nella creazione di un libro di successo su Amazon KDP. Gli autori che seguono una strategia organizzativa efficace possono migliorare significativamente la leggibilità e l'attrattiva del loro libro, fornendo ai lettori un'esperienza di lettura soddisfacente e appagante.

5. Scrittura e Revisione

La fase di scrittura e revisione rappresenta il cuore pulsante del processo creativo nella realizzazione di un libro destinato all'auto-pubblicazione su Amazon KDP. Questo paragrafo si propone di esaminare in modo approfondito entrambi i passaggi critici: la scrittura iniziale del testo e la successiva fase di revisione, fornendo agli autori una guida pratica per affrontare queste attività in modo efficace e produttivo.

Per iniziare, la fase di scrittura implica il trasferimento delle idee e dei concetti precedentemente strutturati nella fase di ideazione e documentazione in un testo coerente e ben articolato. Gli autori dovrebbero essere guidati dalla struttura previamente definita, lavorando capitolo per capitolo o sezione per sezione per sviluppare il contenuto in modo organico e logico.

Durante la scrittura, è importante lasciare fluire liberamente le idee senza preoccuparsi troppo della perfezione o della precisione. Il focus principale dovrebbe essere sull'espressione delle proprie idee in modo chiaro e coinvolgente, lasciando spazio per la rielaborazione e la revisione in una fase successiva.

Una volta completata la prima bozza del testo, inizia il processo di revisione. Questo passaggio fondamentale richiede un occhio critico e una mente aperta, poiché gli autori esaminano attentamente il loro lavoro per identificare errori, incongruenze o aree di miglioramento.

Durante la revisione, gli autori dovrebbero concentrarsi su diversi aspetti del testo, tra cui la coerenza del contenuto, la chiarezza e la precisione del linguaggio, la struttura dei paragrafi e la fluidità della narrazione. È anche importante verificare la correttezza grammaticale, ortografica e sintattica del testo per garantire una lettura scorrevole e professionale.

Inoltre, la revisione dovrebbe includere una valutazione dell'adeguatezza e della pertinenza delle citazioni, dei riferimenti e delle fonti utilizzate nel testo. Gli autori dovrebbero assicurarsi che tutte le informazioni fornite siano accurate e supportate da fonti affidabili, evitando plagio o violazioni dei diritti d'autore.

Una volta completata la revisione iniziale, è consigliabile fare ulteriori passaggi di revisione e modifica per affinare ulteriormente il testo e migliorare la sua qualità complessiva. Questo processo può richiedere tempo e pazienza, ma è essenziale per garantire che il libro raggiunga il più alto standard possibile prima della pubblicazione.

In conclusione, la fase di scrittura e revisione è un elemento cruciale nella creazione di un libro di successo su Amazon KDP. Gli autori che dedicano tempo ed energia a questa fase possono migliorare significativamente la qualità del loro lavoro, offrendo ai lettori un'esperienza di lettura gratificante e soddisfacente.

IV. Design della Copertina e del Layout

1. Importanza della Copertina: Il Primo Impatto con il Lettore

La copertina di un libro rappresenta il suo biglietto da visita, il primo impatto visivo con il lettore che può determinare se verrà preso in considerazione per l'acquisto o meno. Questo paragrafo intende esplorare dettagliatamente l'importanza cruciale della copertina e il suo ruolo nel catturare l'attenzione del pubblico e generare interesse per il contenuto del libro.

Innanzitutto, è importante comprendere che la copertina svolge un ruolo fondamentale nel processo decisionale dei lettori. Quando un potenziale acquirente sfoglia i libri su una piattaforma come Amazon, la copertina è spesso la prima cosa che attira la sua attenzione. Un design accattivante e professionale può immediatamente distinguere un libro dagli altri e inviare segnali positivi sulla sua qualità e credibilità.

La copertina non è solo un elemento decorativo, ma è anche uno strumento di comunicazione potente. Attraverso immagini, grafica e testo, la copertina comunica informazioni cruciali sul genere del libro, il tono, il tema e persino il pubblico di destinazione. Un design ben pensato può suggerire al lettore cosa aspettarsi dal libro e suscitare interesse sin dal primo sguardo.

Inoltre, la copertina è essenziale per differenziare il libro dalla concorrenza. In un mercato affollato, dove migliaia di titoli competono per l'attenzione dei lettori, una copertina distintiva può fare la differenza tra essere notati o ignorati. Un design unico e memorabile può aiutare un libro a emergere dalla massa e ad attirare l'attenzione anche in mezzo a una marea di altri titoli simili.

Non va sottovalutato neanche il ruolo emotivo della copertina. Una copertina ben progettata può evocare emozioni e sensazioni che stimolano l'interesse del lettore e lo spingono a esplorare ulteriormente il libro. Il potere dell'immagine e del design può influenzare profondamente la percezione che un lettore ha del libro e la sua propensione all'acquisto.

In conclusione, la copertina è molto più di una semplice decorazione: è il primo punto di contatto con il potenziale lettore e un potente strumento di marketing. Gli autori che investono tempo ed energia nel progettare una copertina accattivante e riflessiva possono massimizzare le loro possibilità di successo sul mercato, attirando l'attenzione dei lettori e generando interesse per il loro libro.

2. Elementi Essenziali del Design della Copertina: Scelta di Immagini e Grafica

Il processo di progettazione della copertina del libro richiede una cura particolare nella selezione di immagini e grafica che rappresentino efficacemente il contenuto e il tono del libro stesso. Questo paragrafo si propone di esaminare in dettaglio gli elementi essenziali del design della copertina, con un focus specifico sulla scelta delle immagini e della grafica che contribuiranno a catturare l'attenzione dei lettori e comunicare il messaggio del libro.

La scelta delle immagini per la copertina del libro è un passaggio cruciale che richiede un'attenta considerazione e pianificazione. Le immagini devono essere rilevanti per il contenuto del libro e suscitare interesse nel pubblico target. Possono essere fotografie, illustrazioni o grafiche che rappresentano visivamente il tema o il messaggio centrale del libro. È essenziale che le immagini siano di alta qualità e nitidezza per garantire una resa ottimale anche nelle dimensioni ridotte delle copertine online.

In aggiunta alle immagini, la scelta della grafica gioca un ruolo significativo nel design della copertina. La grafica può includere elementi come linee, forme, icone o pattern che aggiungono interesse visivo e contribuiscono alla coerenza e all'armonia del design complessivo. È importante selezionare la grafica che si integra bene con le immagini e il tema del libro, evitando sovraccaricare la copertina con elementi troppo complicati o disorganizzati.

Oltre all'estetica, è importante considerare la leggibilità e la praticità della copertina. La grafica e le immagini devono essere posizionate in modo strategico per garantire che il titolo del libro e il nome dell'autore siano chiaramente visibili e leggibili anche a piccole dimensioni. La scelta dei colori e dei caratteri tipografici deve essere accuratamente ponderata per assicurare una buona visibilità e una comunicazione efficace del messaggio del libro.

Infine, è cruciale mantenere un equilibrio tra originalità e convenzione nel design della copertina. Mentre è importante distinguersi dalla massa con un design unico e memorabile, è altrettanto importante rispettare le convenzioni del genere letterario e fornire ai lettori un'indicazione chiara di cosa aspettarsi dal libro. Gli autori dovrebbero cercare di trovare un equilibrio tra creatività e familiarità nel design della copertina per massimizzare l'attrattiva e la riconoscibilità del loro lavoro.

In conclusione, la scelta di immagini e grafica per la copertina del libro è un passaggio critico nel processo di design che richiede una valutazione attenta e una pianificazione accurata. Gli autori che selezionano immagini e grafica pertinenti e accattivanti possono migliorare significativamente le probabilità di successo del loro libro, attirando l'attenzione dei lettori e stimolando l'interesse per il contenuto.

3. Layout del Testo: Organizzazione e Leggibilità

Il layout del testo rappresenta un aspetto fondamentale nella progettazione della copertina del libro, poiché influisce direttamente sull'organizzazione e sulla leggibilità del contenuto. Questo paragrafo si concentra sull'importanza di un layout ben strutturato e leggibile, fornendo linee guida pratiche per organizzare il testo in modo efficace e coinvolgente.

Innanzitutto, il layout del testo deve essere progettato con attenzione per garantire una presentazione chiara e ordinata del contenuto del libro. Questo include la scelta del numero e della disposizione dei blocchi di testo, il posizionamento degli elementi grafici e delle immagini, nonché la selezione delle dimensioni e dei caratteri tipografici più adatti.

Una delle considerazioni principali nel layout del testo è l'organizzazione logica e sequenziale del contenuto. Gli autori dovrebbero pianificare attentamente la struttura del libro, suddividendo il testo in capitoli, sezioni e paragrafi coerenti e ben definiti. Questo aiuta i lettori a navigare facilmente attraverso il libro e a seguire il flusso delle idee e dei concetti presentati.

Inoltre, è essenziale considerare la leggibilità del testo nel layout. La dimensione, lo spaziamento e lo stile dei caratteri tipografici influenzano notevolmente la facilità con cui i lettori possono leggere e comprendere il contenuto del libro. Gli autori dovrebbero scegliere caratteri leggibili e dimensioni del testo che siano confortevoli per la lettura, evitando stili elaborati o dimensioni troppo piccole che possano affaticare gli occhi dei lettori.

Il bilanciamento tra testo e spazi vuoti è un altro aspetto importante del layout del testo. Gli spazi vuoti possono essere utilizzati strategicamente per separare visivamente i diversi elementi del testo, migliorare la leggibilità e creare una sensazione di equilibrio e armonia nel design complessivo della copertina. Gli autori dovrebbero prestare attenzione alla distribuzione dello spazio nel layout del testo per evitare sovraccaricare la pagina e per ottimizzare la chiarezza e l'estetica complessiva del design.

Infine, è importante testare il layout del testo su diversi dispositivi e formati di visualizzazione per assicurarsi che sia ottimizzato per una varietà di piattaforme e dispositivi di lettura. Ciò può includere la visualizzazione del layout su schermi di computer, tablet e dispositivi mobili, nonché la valutazione della sua resa su versioni stampate del libro. Gli autori dovrebbero effettuare eventuali regolazioni necessarie per garantire una presentazione uniforme e di alta qualità del testo su tutte le piattaforme.

In conclusione, un layout del testo ben organizzato e leggibile è essenziale per il successo di un libro su Amazon KDP. Gli autori che prestano attenzione ai dettagli nel progettare il layout del testo possono migliorare significativamente l'esperienza di lettura dei loro lettori, rendendo il contenuto del libro più accessibile, coinvolgente e memorabile.

4. Utilizzo dei Colori nel Design della Copertina: Psicologia e Impatto Visivo

L'uso dei colori nel design della copertina riveste un ruolo fondamentale nell'attrarre l'attenzione dei lettori e comunicare efficacemente il messaggio del libro. Questo paragrafo si propone di esplorare approfonditamente l'importanza dei colori, analizzando la psicologia dietro di essi e il loro impatto visivo sul pubblico.

Innanzitutto, è importante comprendere che i colori hanno un potente impatto emotivo e psicologico sulle persone. Ogni colore evoca sensazioni e associazioni uniche, che possono influenzare il modo in cui i lettori percepiscono e reagiscono alla copertina del libro. Ad esempio, il rosso può suscitare sentimenti di passione, energia o urgenza, mentre il blu può evocare sensazioni di calma, serenità o fiducia. Gli autori dovrebbero considerare attentamente il significato e l'effetto emotivo dei colori scelti per garantire che siano in linea con il tono e il tema del libro.

Inoltre, i colori possono essere utilizzati strategicamente per attirare l'attenzione e guidare il focus visivo dei lettori sulla copertina del libro. L'uso di colori vivaci e accattivanti può rendere la copertina più visibile e distinguibile tra gli altri titoli presenti sullo scaffale virtuale di Amazon KDP. Tuttavia, è importante trovare un equilibrio tra l'uso di colori vivaci e l'eccesso, evitando sovraccaricare la copertina con una gamma eccessiva di colori che potrebbero risultare confusionari o disordinati.

Un altro aspetto importante da considerare è la coerenza cromatica e l'armonia nel design della copertina. Gli autori dovrebbero selezionare una palette di colori che si complementano tra loro e creano una sensazione di equilibrio e coesione nel design complessivo della copertina. Questo può includere l'uso di colori complementari o colori analoghi che si armonizzano bene insieme e creano un'esperienza visiva piacevole per i lettori.

Infine, è cruciale tenere conto della resa dei colori su diversi supporti di visualizzazione, come schermi digitali e stampa. I colori possono apparire in modo leggermente diverso a seconda del dispositivo utilizzato per visualizzare la copertina del libro, quindi è importante testare il design su più piattaforme e assicurarsi che i colori mantengano la loro brillantezza e chiarezza su tutti i supporti.

In conclusione, l'uso dei colori nel design della copertina è un elemento fondamentale per catturare l'attenzione dei lettori e comunicare efficacemente il messaggio del libro. Gli autori che comprendono la psicologia dei colori e il loro impatto visivo possono creare copertine accattivanti e memorabili che massimizzano le probabilità di successo del loro libro su Amazon KDP.

5. Tipografia e Font: Scegliere il Carattere Giusto per il Tuo Libro

La scelta della tipografia e dei font per la copertina e il layout interno del libro è un aspetto critico del processo di design, poiché influisce notevolmente sull'aspetto visivo e sulla leggibilità del testo. Questo paragrafo esplorerà approfonditamente l'importanza di selezionare il carattere giusto per il libro, offrendo linee guida pratiche e considerazioni fondamentali per gli autori.

Innanzitutto, è essenziale considerare la leggibilità del font scelto. Il font dovrebbe essere facilmente leggibile sia in formato stampato che digitale, garantendo che i lettori possano accedere al contenuto del libro senza sforzo e con comfort. La scelta di caratteri con linee chiare e distinte, proporzioni ben bilanciate e design pulito contribuisce a una migliore leggibilità e fruibilità del testo.

Oltre alla leggibilità, è importante che il font sia in sintonia con il tono e il tema del libro. Ad esempio, per un romanzo storico potrebbe essere appropriato utilizzare un font classico o decorativo che richiami il periodo storico trattato nel libro, mentre per un libro di fantascienza potrebbe essere più adatto un font moderno e futuristico. La scelta del font dovrebbe riflettere lo stile e la personalità del libro, contribuendo a comunicare il suo messaggio in modo coerente ed efficace.

La coerenza del font è un altro aspetto cruciale da considerare. Gli autori dovrebbero selezionare uno o due font principali da utilizzare in tutto il libro, mantenendo una coerenza visiva e unificando il design complessivo. L'uso di troppi font diversi può creare confusione e disordine nel layout del testo, compromettendo la chiarezza e l'estetica complessiva della copertina e del libro.

Inoltre, è importante valutare la resa del font su diversi dispositivi e formati di visualizzazione. Alcuni font potrebbero apparire in modo diverso su schermi digitali rispetto alla stampa, quindi è consigliabile testare la resa del font su una varietà di piattaforme e assicurarsi che mantenga la sua integrità e leggibilità su tutte le versioni.

Infine, gli autori dovrebbero essere consapevoli delle tendenze e delle convenzioni del settore tipografico, ma anche essere disposti a sperimentare e adattare il loro approccio in base alle esigenze specifiche del loro libro. La scelta del font giusto richiede un equilibrio tra tradizione e innovazione, con l'obiettivo di creare un design tipografico che sia allo stesso tempo accattivante, funzionale e coerente con il contenuto del libro.

In conclusione, la selezione del font è un aspetto cruciale del processo di design della copertina e del layout del libro. Gli autori che scelgono con cura il carattere giusto possono migliorare significativamente l'esperienza di lettura dei loro lettori, creando un design tipografico che sia esteticamente gradevole, funzionale e in armonia con il contenuto del libro.

6. Creazione di Copertine Efficaci per Diversi Generi Letterari

La creazione di copertine efficaci per diversi generi letterari richiede un approccio attento e mirato che tenga conto delle convenzioni e delle aspettative specifiche di ciascun genere. In questo paragrafo esploreremo le strategie e le considerazioni chiave per progettare copertine che catturino l'attenzione dei lettori e comunichino efficacemente il tipo di libro che rappresentano.

Prima di tutto, è essenziale comprendere le caratteristiche distintive di ciascun genere letterario e come queste si riflettono nel design della copertina. Ad esempio, per un romanzo thriller potrebbe essere appropriato utilizzare immagini suggestive e misteriose, con colori scuri e font audaci che evocano suspense e tensione. D'altra parte, per un romanzo rosa o un romanzo romantico, potrebbe essere preferibile un design più morbido e femminile, con tonalità pastello e immagini che evocano amore e romanticismo.

Inoltre, è importante considerare il pubblico target del genere
letterario e adattare il design della copertina di conseguenza.
Gli autori dovrebbero avere una chiara comprensione del loro
pubblico di riferimento e creare copertine che si rivolgano
direttamente alle loro preferenze e interessi. Ad esempio, per
un libro per bambini, il design della copertina potrebbe essere
colorato e giocoso, con illustrazioni vivaci e font divertenti che
attirano l'attenzione dei giovani lettori e dei loro genitori.

Una parte cruciale nella creazione di copertine efficaci è la
ricerca di mercato e l'analisi della concorrenza specifica per
ciascun genere letterario. Gli autori dovrebbero studiare le
copertine dei libri più venduti nel loro genere e analizzare quali
elementi visivi e stilistici funzionano meglio per attirare
l'attenzione dei lettori. Questo può fornire preziose insights su
tendenze di design, colori e stili tipografici che sono popolari e
efficaci all'interno del genere.

Un'altra considerazione importante è la coerenza visiva tra le
copertine di libri della stessa serie o dello stesso autore. Se un
autore pubblica una serie di libri o ha un brand riconoscibile, è
importante mantenere una coerenza visiva nel design delle
copertine per creare un'identità visiva forte e riconoscibile.
Questo può includere l'uso di elementi grafici ricorrenti, colori
simili o uno stile tipografico coerente che lega visivamente i
diversi libri insieme.

Infine, è fondamentale testare e iterare il design della copertina
per assicurarsi che sia efficace e accattivante. Gli autori
dovrebbero considerare il feedback dei lettori, monitorare le
prestazioni delle copertine e apportare eventuali aggiustamenti
necessari per massimizzare l'attrattiva e il successo del loro
libro sul mercato.

In conclusione, la creazione di copertine efficaci per diversi generi letterari richiede un approccio mirato e una comprensione approfondita delle aspettative e delle preferenze del pubblico target. Gli autori che investono tempo ed energia nella progettazione di copertine che si distinguono nel loro genere possono aumentare significativamente le probabilità di successo dei loro libri su Amazon KDP.

7. Lavorare con un Grafico o Utilizzare Strumenti di Design Online: Opzioni e Considerazioni

Lavorare con un grafico professionista o utilizzare strumenti di design online sono entrambe opzioni valide e offrono vantaggi e considerazioni uniche per la creazione di copertine di libri di successo su Amazon KDP. In questo paragrafo esploreremo le differenze tra queste due opzioni e forniremo indicazioni su come scegliere il metodo più adatto alle proprie esigenze e budget.

Innanzitutto, lavorare con un grafico professionista offre numerosi vantaggi in termini di esperienza, competenza e creatività. Un grafico esperto può offrire consulenza specializzata sulla progettazione della copertina, aiutando gli autori a tradurre efficacemente il concetto e il messaggio del libro in un design visivamente accattivante e professionale. I grafici professionisti hanno competenze avanzate nel lavoro con software di design e una vasta conoscenza delle migliori pratiche nel settore, il che significa che possono creare copertine di alta qualità che si distinguono nel mercato. Tuttavia, l'assunzione di un grafico professionista può essere costosa e potrebbe non essere un'opzione accessibile per tutti gli autori, specialmente per coloro che hanno un budget limitato.

D'altra parte, l'utilizzo di strumenti di design online offre un'alternativa conveniente e accessibile per la creazione di copertine di libri. Esistono numerosi strumenti di design online disponibili che offrono una vasta gamma di modelli, elementi grafici e opzioni di personalizzazione per aiutare gli autori a creare copertine di alta qualità in modo rapido e semplice. Questi strumenti sono spesso intuitivi da usare e non richiedono alcuna esperienza pregressa nel design grafico, il che li rende adatti anche per gli autori alle prime armi. Tuttavia, l'utilizzo di strumenti di design online potrebbe limitare la creatività e le opzioni di personalizzazione rispetto al lavoro con un grafico professionista, e i risultati finali potrebbero non essere all'altezza delle aspettative degli autori più esigenti.

Quando si sceglie tra lavorare con un grafico professionista o utilizzare strumenti di design online, è importante considerare una serie di fattori chiave, tra cui il proprio budget, le proprie esigenze di design e il livello di coinvolgimento desiderato nel processo creativo. Gli autori con un budget limitato o con esigenze di design relativamente semplici potrebbero trovare gli strumenti di design online una scelta ideale, mentre coloro che cercano una copertina altamente personalizzata e di alta qualità potrebbero preferire lavorare con un grafico professionista.

In conclusione, sia lavorare con un grafico professionista che utilizzare strumenti di design online sono opzioni valide per la creazione di copertine di libri su Amazon KDP, ciascuna con i propri vantaggi e considerazioni. Gli autori dovrebbero valutare attentamente le proprie esigenze e risorse e scegliere il metodo che meglio si adatta alle loro circostanze specifiche, assicurandosi di ottenere una copertina di alta qualità che valorizzi il loro libro e massimizzi le probabilità di successo sul mercato.

8. Dimensioni e Formati: Adattare la Copertina alle Specifiche di Amazon KDP

Quando si progetta una copertina per un libro da pubblicare su Amazon KDP, è fondamentale adattare le dimensioni e i formati del design alle specifiche richieste dalla piattaforma. Amazon KDP fornisce linee guida dettagliate sulle dimensioni e i requisiti dei file per le copertine dei libri, e rispettarli è essenziale per garantire che la copertina venga visualizzata correttamente su tutti i dispositivi e formati di visualizzazione.

Innanzitutto, è importante comprendere le dimensioni esatte richieste per la copertina del libro su Amazon KDP. Le dimensioni variano a seconda del formato del libro, che può essere un libro cartaceo o un ebook, e è essenziale selezionare le dimensioni corrette in base alle specifiche della propria pubblicazione. Ad esempio, le dimensioni consigliate per una copertina di un libro cartaceo potrebbero essere diverse da quelle di un ebook, e gli autori devono assicurarsi di selezionare le dimensioni corrette per il formato desiderato.

Inoltre, è importante tenere conto dei margini di sicurezza e di spazio di taglio quando si progetta la copertina del libro. Amazon KDP fornisce linee guida precise sui margini di sicurezza e sullo spazio di taglio necessario per evitare che elementi cruciali della copertina vengano tagliati durante il processo di stampa o visualizzazione. Gli autori dovrebbero assicurarsi di includere spazio sufficiente intorno ai bordi della copertina per evitare che elementi importanti vengano tagliati o distorti.

Un altro aspetto da considerare è il formato del file della copertina. Amazon KDP accetta una varietà di formati di file per le copertine, tra cui JPEG, TIFF, PDF e PNG, e gli autori dovrebbero selezionare il formato più adatto al proprio design e alle proprie esigenze di pubblicazione. È importante assicurarsi che il file della copertina sia di alta qualità e rispetti i requisiti di risoluzione e qualità dell'immagine stabiliti da Amazon KDP per garantire una stampa e una visualizzazione ottimali.

Infine, è consigliabile testare la copertina su diversi dispositivi e formati di visualizzazione prima di pubblicare il libro su Amazon KDP. Questo può aiutare gli autori a identificare eventuali problemi di formattazione o visualizzazione e apportare eventuali correzioni necessarie per garantire che la copertina sia presentata in modo accurato e professionale su tutti i dispositivi e formati.

In conclusione, adattare le dimensioni e i formati della copertina alle specifiche di Amazon KDP è un passo fondamentale nel processo di pubblicazione di un libro su questa piattaforma. Seguire attentamente le linee guida fornite da Amazon KDP e assicurarsi che la copertina rispetti i requisiti di dimensioni, margini e formato è essenziale per garantire una presentazione accurata e professionale del libro e massimizzare le probabilità di successo sul mercato.

9. Test di Feedback e Iterazioni: Perfezionare il Design della Copertina

Dopo aver creato il design della copertina del libro, è essenziale sottoporlo a test di feedback e iterazioni per perfezionare ulteriormente il suo impatto e la sua efficacia. Questo processo di revisione e miglioramento può aiutare gli autori a identificare eventuali punti deboli nel design della copertina e apportare le modifiche necessarie per massimizzare il suo potenziale di attrazione dei lettori.

Una delle prime fasi del test di feedback è quella di condividere il design della copertina con un gruppo selezionato di lettori di prova. Questi lettori possono fornire feedback preziosi sulle loro impressioni iniziali della copertina, comprese le loro reazioni emotive, le loro opinioni sul messaggio e il concept comunicato, e qualsiasi suggerimento per migliorare il design complessivo. Gli autori dovrebbero cercare feedback onesti e costruttivi da parte dei lettori di prova e essere disposti ad apportare modifiche in base alle loro osservazioni.

Inoltre, è utile confrontare il design della propria copertina con quelle dei libri simili nel proprio genere. Gli autori possono esaminare le copertine dei libri concorrenti e analizzare come queste si confrontano con il proprio design in termini di impatto visivo, efficacia comunicativa e conformità alle aspettative del genere. Questo confronto può aiutare gli autori a identificare le aree in cui il loro design della copertina potrebbe essere migliorato e a ottenere ispirazione per possibili modifiche.

Una volta raccolti i feedback e analizzate le copertine dei libri concorrenti, gli autori possono procedere con le iterazioni del design della copertina. Questo può includere apportare modifiche al layout, alle immagini, ai colori o al testo della copertina per migliorare la sua efficacia complessiva e massimizzare il suo potenziale di attrazione dei lettori. Gli autori dovrebbero essere disposti a sperimentare diverse opzioni e adattare il design della copertina in base ai feedback ricevuti e alla propria visione artistica.

Infine, è importante ripetere il processo di test di feedback e iterazioni più volte, se necessario, fino a quando il design della copertina non raggiunge il livello desiderato di qualità e impatto. Questo può richiedere tempo e pazienza, ma investire nella perfezione del design della copertina è essenziale per massimizzare le probabilità di successo del libro su Amazon KDP e attrarre un pubblico più ampio di lettori.

10. Copertine per Libri Fisici vs Ebook: Considerazioni e Differenze

Nel processo di progettazione delle copertine, è fondamentale tenere presente le differenze e le considerazioni specifiche tra la creazione di copertine per libri fisici e ebook. Mentre entrambi i formati richiedono un design accattivante e professionale, ci sono varie sfumature da considerare che possono influenzare la presentazione e l'efficacia della copertina su Amazon KDP.

Iniziamo con le copertine dei libri fisici. Queste hanno l'obiettivo di catturare l'attenzione dei potenziali acquirenti sugli scaffali delle librerie fisiche e online. Pertanto, devono essere visivamente accattivanti e avere un impatto immediato. Elementi come immagini vivide, grafica di alta qualità e un design ben bilanciato possono aiutare a distinguere il libro dagli altri sulla stessa scaffalatura. Inoltre, è importante considerare la parte posteriore e la quarta di copertina, dove è possibile includere sinossi, recensioni e altre informazioni per coinvolgere i lettori potenziali.

D'altra parte, le copertine degli ebook hanno esigenze leggermente diverse. Poiché gli ebook vengono visualizzati principalmente su schermi digitali, la copertina deve essere altrettanto efficace in un formato digitale. Questo significa che il design della copertina deve essere visibile e leggibile anche in dimensioni ridotte, come quelle delle miniature nei risultati di ricerca online. Inoltre, gli autori possono sperimentare con elementi interattivi, come il cambio delle immagini o delle tonalità dei colori, per catturare l'attenzione dei lettori digitali.

Un'altra considerazione importante è la spina dorsale del libro fisico. Mentre spesso trascurata, la spina dorsale è un'opportunità preziosa per comunicare il titolo del libro e il nome dell'autore quando il libro è posizionato su uno scaffale. Pertanto, il design della spina dorsale deve essere chiaramente leggibile e attraente, anche quando è ridotto alle dimensioni di una piccola striscia.

Infine, è essenziale tenere conto delle linee guida specifiche di Amazon KDP per ciascun formato. Ciò può includere requisiti riguardanti dimensioni, risoluzione delle immagini e altri dettagli tecnici che devono essere seguiti per garantire che la copertina sia accettata senza problemi durante il processo di caricamento.

In conclusione, creare copertine efficaci per libri fisici ed ebook su Amazon KDP richiede una comprensione delle differenze tra i due formati e delle considerazioni specifiche che influenzano il loro design. Adattare il design della copertina alle esigenze e alle aspettative di ciascun formato è essenziale per massimizzare il potenziale di vendita e raggiungere il pubblico desiderato.

V. Pubblicazione su Amazon KDP

1. Creazione di un Account su Amazon KDP

La prima tappa fondamentale nel processo di pubblicazione di un libro su Amazon KDP è la creazione di un account su questa piattaforma di auto-pubblicazione. Questo passaggio iniziale fornisce agli autori l'accesso ai servizi e agli strumenti necessari per caricare e gestire i propri libri in modo efficiente e efficace.

Per creare un account su Amazon KDP, gli autori devono innanzitutto accedere al sito web dedicato e selezionare l'opzione per i nuovi autori o editori. A questo punto, verrà richiesto di fornire informazioni personali e di contatto, come nome, indirizzo email e informazioni fiscali, necessarie per la gestione delle royalties e dei pagamenti.

Successivamente, gli autori devono creare un nome utente e una password per accedere al proprio account e completare il processo di registrazione. Durante la creazione dell'account, è importante leggere attentamente i Termini di Servizio e le Politiche di Pubblicazione di Amazon KDP per garantire la conformità con le linee guida e le regole della piattaforma.

Una volta completata la registrazione, gli autori avranno accesso al loro pannello di controllo su Amazon KDP, dove potranno iniziare a caricare i propri libri e gestire tutti gli aspetti della loro pubblicazione.

È consigliabile prendersi il tempo necessario per comprendere appieno il funzionamento di Amazon KDP e sfruttare appieno tutte le risorse e le funzionalità disponibili per massimizzare le probabilità di successo della propria pubblicazione.

2. Caricamento del Manoscritto: Formati Supportati e Linee Guida

Il caricamento del manoscritto su Amazon KDP è una fase cruciale nel processo di pubblicazione del libro. Prima di iniziare il caricamento, è essenziale comprendere i formati supportati e seguire le linee guida specifiche per garantire che il libro sia visualizzato correttamente e offra un'esperienza di lettura ottimale ai lettori.

Amazon KDP supporta una varietà di formati di file per il caricamento del manoscritto, tra cui DOC, DOCX, HTML, MOBI e PDF. È importante scegliere il formato più adatto al proprio manoscritto e assicurarsi che sia formattato correttamente prima del caricamento. Ad esempio, per i libri di testo con elementi complessi come immagini o layout elaborati, il formato PDF potrebbe essere il più indicato per mantenere la formattazione originale.

Durante il processo di caricamento, è fondamentale seguire attentamente le linee guida fornite da Amazon KDP per garantire che il manoscritto soddisfi i requisiti tecnici e di formattazione della piattaforma. Queste linee guida possono includere specifiche riguardanti le dimensioni del file, la risoluzione delle immagini, la formattazione del testo e l'organizzazione dei capitoli.

Inoltre, Amazon KDP fornisce strumenti e risorse per aiutare gli autori a preparare il proprio manoscritto per il caricamento. Ad esempio, è possibile utilizzare il servizio di conversione automatica di Amazon per convertire i file DOC o DOCX in formato MOBI, ottimizzato per la visualizzazione su dispositivi Kindle. Tuttavia, è importante tenere presente che la conversione automatica potrebbe non essere sempre perfetta, quindi è consigliabile eseguire un controllo di qualità dopo la conversione per assicurarsi che il libro sia visualizzato correttamente.

Infine, prima di finalizzare il caricamento del manoscritto, è consigliabile eseguire una revisione completa per individuare eventuali errori di formattazione, ortografici o grammaticali. Utilizzare strumenti di correzione ortografica e grammaticale e fare più revisioni per garantire che il manoscritto sia pulito e professionale. Solo dopo aver completato questa fase di revisione è possibile procedere con il caricamento del manoscritto su Amazon KDP.

3. Configurazione delle Opzioni di Pubblicazione: Ebook, Cartaceo o Entrambi

La configurazione delle opzioni di pubblicazione su Amazon KDP offre agli autori la flessibilità di scegliere tra diverse modalità di distribuzione per il proprio libro: ebook, cartaceo o entrambi. Questa decisione ha un impatto significativo sul modo in cui il libro sarà disponibile per i lettori e sulla sua visibilità sul mercato.

Innanzitutto, la pubblicazione dell'ebook consente agli autori di raggiungere rapidamente un vasto pubblico di lettori digitali. Gli ebook sono convenienti e accessibili, consentendo ai lettori di scaricare e leggere il libro su una varietà di dispositivi, inclusi Kindle, tablet e smartphone. Questa opzione è particolarmente popolare per i libri di narrativa, non-fiction e testi educativi, che possono trarre vantaggio dalla portabilità e dalla facilità di accesso offerte dagli ebook.

D'altra parte, la pubblicazione del libro cartaceo offre un'esperienza di lettura tangibile e fisica che molti lettori apprezzano ancora oggi. I libri cartacei sono ideali per i collezionisti, i lettori tradizionalisti e coloro che preferiscono il feeling tattile di un libro stampato. Inoltre, i libri cartacei possono essere venduti in negozi di libri fisici e online, consentendo agli autori di raggiungere un pubblico più ampio e diversificato.

Molte volte, gli autori possono optare per entrambe le opzioni di pubblicazione, offrendo ai lettori la possibilità di scegliere tra l'ebook e il libro cartaceo in base alle proprie preferenze personali. Questo approccio ibrido può massimizzare la visibilità del libro e soddisfare le esigenze di una vasta gamma di lettori.

Al momento della configurazione delle opzioni di pubblicazione su Amazon KDP, gli autori devono considerare attentamente i vantaggi e gli svantaggi di ciascuna opzione e prendere decisioni informate in base alle proprie esigenze e obiettivi. Scegliere tra ebook, libro cartaceo o entrambi può influenzare il successo e la commercializzazione del libro, quindi è importante prendere in considerazione tutti i fattori prima di prendere una decisione finale.

4. Impostazione del Prezzo di Vendita: Strategie e Considerazioni

L'impostazione del prezzo di vendita per il proprio libro su Amazon KDP è una decisione cruciale che può influenzare significativamente le vendite e il successo complessivo del libro sul mercato. Prima di fissare il prezzo, gli autori devono considerare una serie di strategie e fattori chiave per massimizzare il potenziale di guadagno e l'attrattiva del libro per i potenziali acquirenti.

Una delle prime considerazioni nella determinazione del prezzo è il valore percepito del libro rispetto alla sua categoria di mercato e alla concorrenza. Gli autori devono valutare attentamente il contenuto, la qualità della scrittura, il target di mercato e il livello di competizione per determinare un prezzo che rifletta adeguatamente il valore del loro lavoro e che sia competitivo rispetto agli altri libri simili presenti sul mercato.

Inoltre, gli autori dovrebbero tenere conto dei costi di produzione e di distribuzione del libro, nonché delle royalties che desiderano guadagnare per ogni copia venduta. Considerare questi fattori può aiutare gli autori a stabilire un prezzo che copra i costi e generi un margine di profitto adeguato.

Le strategie di prezzo possono variare a seconda degli obiettivi dell'autore e delle caratteristiche specifiche del libro. Ad esempio, alcuni autori potrebbero optare per una strategia di prezzo aggressiva per stimolare le vendite e aumentare la visibilità del libro, offrendo sconti o promozioni temporanee. Altri potrebbero preferire una strategia di prezzo premium per posizionare il libro come un prodotto di alta qualità e massimizzare i profitti per vendita.

È importante anche tenere conto delle esigenze e delle preferenze dei lettori target durante la determinazione del prezzo. Gli autori dovrebbero condurre ricerche di mercato per comprendere il comportamento di acquisto dei lettori nella loro nicchia e adattare il prezzo di conseguenza per massimizzare l'attrattiva del libro.

Infine, gli autori devono essere flessibili e pronti a rivedere e regolare il prezzo in base alle tendenze di mercato, alle prestazioni delle vendite e alle feedback dei lettori. Monitorare attentamente le vendite e sfruttare gli strumenti analitici forniti da Amazon KDP può aiutare gli autori a ottimizzare il prezzo nel tempo per massimizzare i ricavi e il successo del libro.

5. Revisione Anteprima e Approvazione del Libro

La revisione dell'anteprima e l'approvazione del libro rappresentano un momento critico nel processo di pubblicazione su Amazon KDP. Dopo aver completato il caricamento del manoscritto e la configurazione delle opzioni di pubblicazione, gli autori devono esaminare attentamente l'anteprima del libro per assicurarsi che sia formattato correttamente e che soddisfi tutti i requisiti tecnici e di qualità di Amazon.

Durante la revisione dell'anteprima, gli autori dovrebbero controllare ogni pagina del libro per individuare eventuali errori di formattazione, ortografici o grammaticali. È importante assicurarsi che il testo sia ben allineato, che le immagini siano posizionate correttamente e che tutti gli elementi grafici siano visualizzati correttamente. Inoltre, gli autori dovrebbero prestare attenzione alla qualità dell'immagine e alla risoluzione, soprattutto se il libro contiene grafici o illustrazioni.

Dopo aver esaminato attentamente l'anteprima, gli autori possono procedere con l'approvazione del libro per la pubblicazione su Amazon KDP. Durante questo processo, è possibile selezionare le opzioni di distribuzione e stabilire il prezzo di vendita finale del libro. È importante prendersi il tempo necessario per valutare attentamente tutte le opzioni disponibili e fare scelte informate che riflettano gli obiettivi e le esigenze dell'autore.

Una volta che il libro è stato approvato per la pubblicazione, viene reso disponibile per l'acquisto sui siti Web di Amazon in tutto il mondo. Tuttavia, è importante tenere presente che potrebbero essere necessari alcuni giorni affinché il libro sia completamente disponibile per l'acquisto su tutti i mercati. Gli autori possono monitorare lo stato di pubblicazione del libro tramite il proprio account Amazon KDP e ricevere notifiche quando il libro è disponibile per l'acquisto.

In conclusione, la revisione dell'anteprima e l'approvazione del libro sono fasi cruciali nel processo di pubblicazione su Amazon KDP. Gli autori dovrebbero dedicare tempo ed energia a esaminare attentamente l'anteprima del libro e a fare scelte informate durante il processo di approvazione per garantire che il loro lavoro sia presentato al meglio e sia pronto per raggiungere i lettori di tutto il mondo.

6. Pianificazione della Data di Pubblicazione: Timing e Aspetti Pratici

La pianificazione della data di pubblicazione è un passaggio cruciale nel processo di lancio di un libro su Amazon KDP, e può influenzare notevolmente le sue performance e il suo successo sul mercato. Gli autori devono prendere in considerazione diversi aspetti pratici e strategici quando scelgono la data di pubblicazione, al fine di massimizzare l'impatto del loro libro e ottenere una maggiore visibilità tra i potenziali lettori.

Uno degli aspetti da considerare è il timing rispetto agli eventi o alle festività rilevanti nel calendario editoriale. Ad esempio, è possibile pianificare il lancio del libro in concomitanza con una data significativa nel settore o con una festività che potrebbe aumentare l'interesse dei lettori nel genere specifico del libro. Tuttavia, è importante anche evitare di pubblicare il libro in coincidenza con altri eventi o lanci significativi che potrebbero rubare l'attenzione dei potenziali acquirenti.

Inoltre, gli autori dovrebbero considerare il momento ideale per massimizzare le vendite e ottenere una migliore visibilità sui siti di Amazon. Alcuni autori potrebbero preferire pubblicare il loro libro durante i giorni feriali, quando c'è maggiore traffico sul sito e più potenziali acquirenti sono attivi. Altri potrebbero optare per il weekend o per specifici giorni della settimana in base alle proprie esperienze passate o alle strategie di marketing pianificate.

È importante anche tenere conto dei tempi di produzione e di pubblicazione necessari per il libro. Gli autori dovrebbero assicurarsi di aver completato tutti i passaggi precedenti, come la revisione dell'anteprima e la configurazione delle opzioni di pubblicazione, in modo da poter rispettare la data di pubblicazione pianificata senza intoppi.

Infine, è consigliabile pianificare attività di marketing e promozione intorno alla data di pubblicazione per generare interesse e attirare l'attenzione dei lettori. Questo potrebbe includere la creazione di materiale promozionale, la pianificazione di eventi di lancio o la collaborazione con influencer e recensori per aumentare la visibilità del libro.

In sintesi, la pianificazione della data di pubblicazione richiede una valutazione attenta di diversi fattori, tra cui eventi rilevanti, timing ideale per le vendite e preparazione pratica. Gli autori devono prendersi il tempo necessario per pianificare accuratamente il lancio del loro libro al fine di massimizzare il suo successo sul mercato.

7. Gestione dei Diritti d'Autore e delle Impostazioni di Royalties

La gestione dei diritti d'autore e delle impostazioni di royalties è un aspetto fondamentale della pubblicazione su Amazon KDP che richiede attenzione e comprensione da parte degli autori. Questo processo implica la definizione dei diritti di distribuzione del libro e la scelta delle impostazioni di royalties che determineranno i guadagni degli autori per ciascuna vendita.

Prima di pubblicare un libro su Amazon KDP, gli autori devono essere consapevoli dei diritti d'autore associati al loro lavoro. È importante stabilire chiaramente se si detengono tutti i diritti di distribuzione del libro o se sono coinvolti altri soggetti, come agenti letterari o case editrici. Nel caso in cui vi siano coautori o altri detentori di diritti, è necessario concordare preventivamente come verranno gestiti i diritti d'autore e come verranno distribuite le royalties.

Le impostazioni di royalties determinano la percentuale di ricavo che gli autori ricevono per ciascuna vendita del loro libro su Amazon. Gli autori hanno la possibilità di scegliere tra diverse opzioni di royalties in base al prezzo di vendita del libro e alla modalità di distribuzione (ebook o cartaceo). Ad esempio, possono optare per la royalty del 35% o del 70%, a seconda delle proprie preferenze e strategie di pricing.

È importante considerare attentamente le implicazioni finanziarie di ciascuna opzione di royalties e valutare quale sia la più adatta alle proprie esigenze e obiettivi finanziari. Ad esempio, mentre la royalty del 70% potrebbe sembrare più vantaggiosa in termini di guadagno per ogni vendita, potrebbe comportare un prezzo di vendita più elevato che potrebbe influenzare le decisioni d'acquisto dei potenziali lettori.

Una volta scelte le impostazioni di royalties, è possibile pubblicare il libro su Amazon KDP e iniziare a monitorare le vendite e i guadagni attraverso il dashboard dell'autore. È importante rimanere informati sulle vendite e adattare le impostazioni di royalties, se necessario, per massimizzare i profitti e il successo del libro sul mercato.

In conclusione, la gestione dei diritti d'autore e delle impostazioni di royalties è un aspetto cruciale della pubblicazione su Amazon KDP che richiede attenzione e comprensione da parte degli autori. Una corretta gestione di questi aspetti può contribuire al successo finanziario e commerciale del libro sul mercato.

8. Distribuzione Globale: Opportunità e Limiti

La distribuzione globale offre agli autori l'opportunità di raggiungere un pubblico internazionale e di espandere il loro mercato al di là dei confini nazionali. Tuttavia, è importante comprendere sia le opportunità che i limiti associati a questa modalità di distribuzione per garantire il successo della pubblicazione su Amazon KDP.

Tra le principali opportunità della distribuzione globale vi è la possibilità di raggiungere un pubblico più ampio e diversificato. Grazie alla vasta portata di Amazon e alla sua presenza in numerosi Paesi in tutto il mondo, gli autori hanno la possibilità di far conoscere il proprio lavoro a lettori provenienti da diverse culture e contesti. Ciò può contribuire a incrementare le vendite e a aumentare la visibilità del libro su scala internazionale.

Inoltre, la distribuzione globale offre agli autori la possibilità di sfruttare le differenze nei mercati locali. Ad esempio, un libro che ha avuto successo in un Paese potrebbe trovare un nuovo pubblico in un altro Paese con un approccio di marketing mirato e personalizzato. Questo consente agli autori di massimizzare il potenziale di guadagno del loro libro e di ottimizzare le opportunità di vendita.

Tuttavia, è importante anche considerare i limiti e le sfide associati alla distribuzione globale. Uno dei principali limiti è rappresentato dalle barriere linguistiche e culturali che possono influenzare l'accesso dei lettori internazionali al libro. Gli autori dovrebbero essere consapevoli di queste differenze e adottare strategie di marketing e promozione adatte a ciascun mercato di destinazione.

Inoltre, è importante tenere presente che la distribuzione globale potrebbe comportare costi aggiuntivi e complessità amministrative legate alla gestione delle vendite e dei diritti d'autore in diversi Paesi. Gli autori dovrebbero valutare attentamente questi fattori e pianificare adeguatamente prima di decidere di distribuire il proprio libro su scala internazionale.

In conclusione, la distribuzione globale offre agli autori significative opportunità di espansione e crescita, ma è importante essere consapevoli dei limiti e delle sfide associate a questa modalità di distribuzione. Con una pianificazione oculata e una strategia di marketing mirata, gli autori possono massimizzare il potenziale del loro libro sul mercato globale.

9. Monitoraggio delle Vendite e delle Prestazioni del Libro

Il monitoraggio delle vendite e delle prestazioni del libro è un aspetto essenziale per gli autori che desiderano valutare l'efficacia delle proprie strategie di marketing e promozione e adattare il loro approccio di conseguenza. Attraverso strumenti di analisi e reportistica forniti da Amazon KDP, gli autori possono accedere a una vasta gamma di dati e metriche che forniscono informazioni dettagliate sulle vendite, il comportamento dei lettori e le prestazioni del libro nel tempo.

Uno degli aspetti principali del monitoraggio delle vendite è l'analisi dei dati di vendita, che consente agli autori di valutare le tendenze di vendita nel corso del tempo e identificare eventuali picchi o cali nelle vendite. Questo può essere utile per comprendere meglio il mercato di riferimento del libro e identificare eventuali opportunità di ottimizzazione delle strategie di marketing.

Oltre alle vendite, è importante monitorare anche altre metriche chiave come le recensioni dei clienti, il rating medio del libro e il posizionamento nelle classifiche di Amazon. Questi dati forniscono un'indicazione della soddisfazione dei lettori e dell'impatto del libro sul mercato, e possono influenzare la visibilità e la reputazione del libro su Amazon.

Per monitorare efficacemente le prestazioni del libro, gli autori dovrebbero utilizzare regolarmente gli strumenti di analisi forniti da Amazon KDP e tenere traccia di metriche chiave come le vendite giornaliere, le recensioni dei clienti e il posizionamento nelle classifiche. È inoltre consigliabile confrontare le prestazioni del libro con quelle di altri libri simili nel mercato e identificare eventuali tendenze o modelli che possono influenzare le strategie di marketing e promozione.

Infine, è importante utilizzare i dati raccolti attraverso il monitoraggio delle vendite e delle prestazioni del libro per guidare le decisioni future e ottimizzare continuamente l'efficacia delle proprie strategie di pubblicazione e promozione. Con un monitoraggio attento e una gestione proattiva delle prestazioni del libro, gli autori possono massimizzare il potenziale di successo del loro lavoro su Amazon KDP.

10. Gestione delle Versioni e delle Aggiornamenti del Libro

La gestione delle versioni e degli aggiornamenti del libro è un aspetto cruciale del processo di pubblicazione su Amazon KDP. Gli autori devono essere consapevoli della necessità di mantenere il loro lavoro aggiornato e di rispondere prontamente ai feedback dei lettori e alle eventuali correzioni necessarie.

Una delle prime considerazioni nella gestione delle versioni è la pianificazione degli aggiornamenti. Gli autori dovrebbero stabilire una politica chiara per gli aggiornamenti del libro, determinando con quale frequenza intendono rilasciare nuove versioni e quali modifiche saranno incluse in ciascuna versione. Questo può includere la correzione di errori di battitura o di formattazione, l'aggiunta di nuovi contenuti o la revisione di sezioni esistenti per migliorare la qualità complessiva del libro.

Una volta che un aggiornamento è stato pianificato, è importante preparare accuratamente il nuovo contenuto e assicurarsi che sia formattato correttamente per la pubblicazione su Amazon KDP. Questo può includere la revisione del testo, la creazione di nuove grafiche o immagini e la verifica della compatibilità con i requisiti tecnici di Amazon per il caricamento dei file.

Dopo aver preparato il nuovo contenuto, gli autori devono procedere con il caricamento della nuova versione del libro su Amazon KDP. Durante questo processo, è importante seguire attentamente le istruzioni fornite da Amazon e assicurarsi che tutte le impostazioni e le opzioni di pubblicazione siano configurate correttamente per la nuova versione del libro.

Una volta che la nuova versione del libro è stata pubblicata, gli autori dovrebbero monitorare attentamente il feedback dei lettori e rispondere prontamente a eventuali problemi o domande. Questo può includere la gestione di recensioni negative, la risoluzione di problemi tecnici o la fornitura di ulteriori chiarimenti o informazioni ai lettori interessati.

Inoltre, gli autori dovrebbero essere consapevoli delle implicazioni di pubblicare una nuova versione del libro, specialmente per i lettori che hanno già acquistato la versione precedente. Alcune piattaforme come Amazon consentono ai clienti di scaricare automaticamente le nuove versioni dei libri acquistati, mentre altre potrebbero richiedere ai clienti di acquistare nuovamente il libro per accedere alla versione aggiornata.

In definitiva, una gestione efficace delle versioni e degli aggiornamenti del libro è fondamentale per mantenere il proprio lavoro rilevante e competitivo nel mercato dei libri digitali. Gli autori devono essere pronti a rispondere alle esigenze dei lettori e ad adattare il loro lavoro di conseguenza per massimizzare il suo potenziale di successo su Amazon KDP.

VI. Marketing e Promozione

1. Strategie di Marketing Online

Le strategie di marketing online rappresentano un pilastro fondamentale per promuovere e vendere libri su Amazon KDP in modo efficace.

In un mondo sempre più digitale, sfruttare le opportunità offerte dal web è essenziale per raggiungere un vasto pubblico di potenziali lettori e aumentare la visibilità del proprio lavoro.

Una delle prime strategie da considerare è l'ottimizzazione del proprio profilo autore e della pagina del libro su piattaforme come Amazon. Questo include l'uso di parole chiave pertinenti nel titolo, nella descrizione e nei metadati per migliorare la visibilità del libro nei risultati di ricerca.

Inoltre, è importante utilizzare immagini accattivanti e descrizioni convincenti per catturare l'attenzione dei potenziali acquirenti e convincerli a fare clic sulla pagina del libro.

Oltre all'ottimizzazione della pagina del libro, le strategie di marketing online possono includere la creazione di un sito web o un blog dedicato all'autore e ai suoi libri.

Questo sito può essere utilizzato per condividere notizie, articoli, anteprime dei libri, recensioni e altro ancora, contribuendo a mantenere l'interesse dei lettori e a creare una community intorno all'autore e ai suoi lavori.

L'uso dei social media è un'altra componente chiave delle strategie di marketing online.

Piattaforme come Facebook, Twitter, Instagram e LinkedIn offrono l'opportunità di raggiungere un vasto pubblico di lettori e di interagire con loro in modo diretto ed efficace.

Postare regolarmente contenuti interessanti e coinvolgenti, partecipare a discussioni pertinenti e creare campagne pubblicitarie mirate possono contribuire a promuovere i libri in modo significativo e a generare interesse e vendite.

Infine, non bisogna trascurare l'importanza della rete e delle relazioni personali nel marketing online. Collaborare con altri autori, blog letterari, gruppi di lettura e influencer del settore può ampliare la portata della propria promozione e consentire di raggiungere nuovi segmenti di pubblico.

In sintesi, le strategie di marketing online sono fondamentali per aumentare la visibilità e le vendite dei libri su Amazon KDP, e devono essere implementate in modo oculato e strategico per massimizzare i risultati.

2. Utilizzo dei Social Media per la Promozione

L'utilizzo dei social media è una delle strategie più potenti per promuovere i libri su Amazon KDP e coinvolgere un vasto pubblico di potenziali lettori.

In primo luogo, è importante identificare quali piattaforme social sono più adatte al proprio pubblico di riferimento. Ad esempio, Facebook può essere efficace per raggiungere una vasta gamma di persone di diverse età e interessi, mentre Instagram potrebbe essere più adatto per promuovere libri con un forte elemento visuale, come quelli fotografici o di design.

Una volta identificate le piattaforme più appropriate, è fondamentale creare un profilo autore accattivante e completo. Questo include l'uso di una foto professionale, una biografia coinvolgente e un link diretto alla pagina del libro su Amazon KDP.

Successivamente, è essenziale pianificare e pubblicare regolarmente contenuti interessanti e rilevanti per il proprio pubblico. Questi possono includere anteprime dei libri, dietro le quinte dell'autore, interviste, recensioni, consigli di lettura e altro ancora.

Inoltre, è importante interagire attivamente con i follower e partecipare alle conversazioni relative al proprio settore. Rispondere ai commenti, condividere post di altri autori e partecipare a discussioni pertinenti possono contribuire a creare un legame più forte con il pubblico e a mantenere l'interesse alto nel tempo.

Le campagne pubblicitarie sui social media rappresentano un'altra strategia efficace per promuovere i libri su Amazon KDP. Queste possono essere mirate in base a criteri demografici, interessi e comportamenti online, consentendo di raggiungere esattamente il pubblico desiderato.

Infine, è importante monitorare costantemente le prestazioni delle proprie attività sui social media e apportare eventuali aggiustamenti in base ai risultati ottenuti. Analizzare le metriche di coinvolgimento, il traffico web generato e le conversioni in vendite può fornire preziose informazioni per ottimizzare le future strategie di marketing sui social media.

3. Creazione di Contenuti Coinvolgenti per il Marketing

La creazione di contenuti coinvolgenti è fondamentale per il successo del marketing dei libri su Amazon KDP. Questi contenuti devono catturare l'attenzione del pubblico, suscitare interesse e incoraggiare l'interazione e l'azione.

Una delle strategie più efficaci è quella di utilizzare una varietà di formati di contenuto per mantenere l'interesse del pubblico. Ciò può includere articoli informativi sul proprio blog o sul sito web dell'autore, video promozionali che presentano il libro in modo accattivante, podcast che approfondiscono temi correlati al libro e molto altro ancora. La diversificazione dei formati consente di raggiungere una più ampia gamma di persone e di soddisfare le preferenze di consumo di contenuti diverse.

Inoltre, è importante assicurarsi che i contenuti siano rilevanti e di valore per il proprio pubblico di riferimento. Questo significa capire i bisogni, gli interessi e le sfide dei lettori e creare contenuti che li aiutino, li ispirino o li intrattengano. Ad esempio, se il libro tratta di cucina, è possibile condividere ricette esclusive o consigli culinari su blog e social media.

La narrativa visiva gioca un ruolo fondamentale nella creazione di contenuti coinvolgenti. Utilizzare immagini accattivanti, grafiche creative e video di alta qualità può aumentare l'attrattiva dei contenuti e incoraggiare il coinvolgimento del pubblico. È importante prestare attenzione alla coerenza visiva e al branding per creare un'esperienza di marketing unificata e riconoscibile.

Inoltre, è utile coinvolgere attivamente il pubblico attraverso il coinvolgimento e la partecipazione. Questo può essere fatto attraverso sondaggi, concorsi, sessioni di domande e risposte, discussioni nei commenti e altro ancora. Il coinvolgimento del pubblico non solo aumenta l'interazione, ma crea anche un senso di comunità intorno al libro e all'autore.

Infine, è importante pianificare e programmare i contenuti in modo strategico, tenendo conto del ciclo di vita del libro e degli obiettivi di marketing. Creare un calendario editoriale dettagliato e pianificare in anticipo i contenuti assicura una presenza costante e coerente sulle piattaforme di marketing, massimizzando così l'impatto complessivo delle attività di promozione.

4. Collaborazioni e Partnership nel Settore Editoriale

Le collaborazioni e le partnership nel settore editoriale possono rappresentare un'opportunità preziosa per aumentare la visibilità e le vendite dei libri su Amazon KDP. Queste alleanze strategiche possono assumere varie forme e coinvolgere diversi attori all'interno dell'industria editoriale.

Una delle forme più comuni di collaborazione è quella con altri autori o scrittori. Queste partnership possono includere la scrittura congiunta di libri, la partecipazione a antologie o collezioni tematiche, o la promozione reciproca dei rispettivi lavori attraverso i propri canali di marketing. L'unione di forze può portare a una maggiore esposizione e a una più ampia base di fan, oltre a offrire opportunità di apprendimento e crescita reciproca.

Inoltre, è possibile stabilire collaborazioni con blogger, influencer e recensori nel settore letterario. Queste persone hanno spesso un pubblico dedicato e influente che potrebbe essere interessato ai libri dell'autore. La collaborazione con loro può includere recensioni dei libri, interviste, ospitate su podcast o blog, o la partecipazione a eventi letterari o virtuali organizzati dai partner. Queste attività possono contribuire a generare interesse e buzz attorno al libro, contribuendo così alla sua visibilità e alla sua reputazione.

Le partnership con librerie indipendenti, associazioni di scrittori o gruppi letterari sono un'altra possibilità da esplorare. Queste organizzazioni possono offrire opportunità di promozione, come eventi di firma dei libri, letture pubbliche o spazi espositivi all'interno dei loro negozi o siti web. Collaborare con loro può aiutare a raggiungere nuovi lettori e a costruire rapporti con la comunità locale o con nicchie di mercato specifiche.

Infine, non bisogna trascurare le partnership con professionisti del settore editoriale, come agenti letterari, editori o consulenti di marketing. Queste figure possono offrire preziosi consigli, supporto e risorse per migliorare la visibilità e il successo dei libri su Amazon KDP, sia durante il processo di pubblicazione che nella fase di promozione e commercializzazione.

5. Utilizzo delle Newsletter e dell'Email Marketing

Le newsletter e l'email marketing rappresentano strumenti potenti per promuovere i libri su Amazon KDP e stabilire un rapporto diretto con i lettori. Queste strategie consentono agli autori di comunicare in modo diretto e personalizzato con il proprio pubblico, offrendo contenuti rilevanti e coinvolgenti per mantenere l'interesse e la fedeltà dei lettori nel tempo.

Per utilizzare al meglio le newsletter e l'email marketing, è importante adottare un approccio strategico e pianificato. Innanzitutto, è essenziale costruire una lista di contatti di alta qualità, composta da persone interessate ai tuoi libri e disposte a ricevere comunicazioni da parte tua. Puoi incentivare gli utenti a iscriversi alla tua newsletter offrendo contenuti esclusivi, anteprime di nuovi libri, sconti o regali speciali.

Una volta che hai una lista consolidata di abbonati, puoi iniziare a inviare regolarmente newsletter informative e coinvolgenti. Questi messaggi possono includere notizie sugli ultimi sviluppi editoriali, anteprime dei tuoi prossimi libri, dietro le quinte sul processo di scrittura, interviste con l'autore, consigli di lettura e altro ancora. È importante mantenere un equilibrio tra promozione dei tuoi libri e fornire valore aggiunto ai lettori, in modo da evitare di essere troppo invasivo o autopromozionale.

Inoltre, puoi sfruttare l'email marketing per promuovere offerte speciali, sconti o promozioni limitate nel tempo sui tuoi libri. Questo può incentivare l'acquisto immediato e generare un maggiore interesse intorno alla tua opera. Assicurati di includere call-to-action chiare e visibili nei tuoi messaggi, incoraggiando i lettori a fare clic per acquistare il libro o visitare la tua pagina autore su Amazon.

Infine, è importante monitorare e analizzare le prestazioni delle tue campagne di email marketing per valutare l'efficacia delle tue strategie e apportare eventuali miglioramenti. Puoi utilizzare strumenti di analisi per monitorare metriche come il tasso di apertura, il tasso di clic, le conversioni e altro ancora, in modo da ottimizzare continuamente le tue campagne e massimizzare il loro impatto.

6. Partecipazione a Eventi e Fiere del Libro

Partecipare a eventi e fiere del libro rappresenta un'opportunità preziosa per gli autori che desiderano promuovere i propri libri e entrare in contatto diretto con i lettori. Questi eventi offrono un'arena unica per presentare i tuoi libri, incontrare nuovi lettori, stabilire connessioni con altri professionisti del settore editoriale e ampliare la tua rete di contatti.

Una delle principali strategie per massimizzare il valore degli eventi e delle fiere del libro è prepararsi adeguatamente in anticipo. Prima di partecipare a un evento, è importante stabilire obiettivi chiari e definiti, come ad esempio il numero di libri che desideri vendere, il numero di contatti che vuoi fare o l'obiettivo di networking che ti sei prefissato. Inoltre, assicurati di portare con te abbastanza copie dei tuoi libri, materiale promozionale e biglietti da visita per distribuire ai potenziali lettori e contatti professionali.

Durante l'evento, sii proattivo nell'interagire con il pubblico e presentare i tuoi libri in modo accattivante e coinvolgente. Organizza sessioni di firma copie, presentazioni o letture pubbliche per attirare l'attenzione dei partecipanti e generare interesse intorno alla tua opera. Inoltre, non perdere l'occasione di connetterti con altri autori, editori, agenti letterari e professionisti del settore presenti all'evento, poiché queste relazioni potrebbero portare a opportunità future di collaborazione o promozione.

Oltre alla partecipazione fisica agli eventi, è possibile sfruttare anche le piattaforme digitali per promuovere la propria presenza e coinvolgere un pubblico più ampio. Utilizza i social media, il tuo sito web o blog e altre piattaforme online per condividere informazioni sull'evento, invitare i tuoi follower a visitare il tuo stand o partecipare alle tue attività durante la fiera.

Infine, dopo l'evento, assicurati di seguire i contatti che hai fatto e di mantenere viva la connessione con i potenziali lettori o partner commerciali che hai incontrato. Invia loro ringraziamenti personalizzati, collegati su LinkedIn o altre piattaforme di social networking e mantieni l'interesse nei confronti della tua opera attraverso comunicazioni periodiche e aggiornamenti sulle tue attività editoriali.

7. Strategie di Pubblicità a Pagamento: PPC e Display Ads

Le strategie di pubblicità a pagamento, come Pay-Per-Click (PPC) e Display Ads, offrono agli autori un modo efficace per promuovere i propri libri online e raggiungere un pubblico mirato. Con il crescente numero di autori indipendenti che competono per l'attenzione dei lettori su piattaforme come Amazon, la pubblicità a pagamento può essere uno strumento prezioso per differenziarsi e aumentare la visibilità dei tuoi libri.

La pubblicità PPC consente agli autori di mostrare annunci promozionali sui motori di ricerca come Google o su piattaforme di social media come Facebook e Instagram. Questi annunci vengono visualizzati agli utenti in base alle parole chiave o agli interessi specifici che corrispondono al tuo pubblico di riferimento. Quando un utente fa clic sull'annuncio, l'autore paga una piccola somma al fornitore della piattaforma. La chiave per il successo della pubblicità PPC è creare annunci accattivanti e pertinenti, selezionare le parole chiave giuste e impostare un budget pubblicitario appropriato per massimizzare il ritorno sull'investimento.

I Display Ads, d'altra parte, sono annunci visivi che vengono visualizzati su siti web, blog e altre piattaforme online. Questi annunci possono includere immagini, testo e persino elementi interattivi per attirare l'attenzione dei visitatori e spingerli ad agire. Gli autori possono utilizzare i Display Ads per promuovere i loro libri su siti web correlati al settore editoriale, blog letterari, forum online e altro ancora. Anche qui, è fondamentale progettare annunci efficaci che catturino l'interesse del pubblico e li indirizzino verso la pagina di vendita del libro.

Per massimizzare l'efficacia delle strategie di pubblicità a pagamento, gli autori devono monitorare attentamente le prestazioni delle loro campagne e apportare eventuali ottimizzazioni necessarie. Ciò può includere la regolazione delle parole chiave e dei targeting demografici, la creazione di annunci alternativi per test A/B e l'ottimizzazione delle landing page per massimizzare la conversione dei visitatori in acquirenti. Inoltre, è importante stabilire un budget pubblicitario realistico e sostenibile per evitare di spendere più di quanto si possa permettere.

8. Sfruttare il Potere del Marketing Virale

Lo sviluppo di strategie di marketing virale può essere un elemento chiave per promuovere i libri in modo organico e diffondere il loro messaggio attraverso il passaparola e la condivisione sui social media. Il marketing virale si basa sull'idea che il contenuto che suscita un forte coinvolgimento emotivo o che offre un valore unico e interessante possa diffondersi rapidamente attraverso le reti sociali e online, raggiungendo un vasto pubblico senza la necessità di investimenti pubblicitari significativi.

Una delle tecniche più comuni per sfruttare il potere del marketing virale è creare contenuti coinvolgenti e condivisibili che possano catturare l'attenzione del pubblico e spingerlo a condividerli con i propri contatti. Questi contenuti possono assumere molte forme, come video virali, meme, infografiche, concorsi o sfide online, o storie coinvolgenti che suscitano emozioni forti. L'obiettivo è creare qualcosa di così interessante, divertente o utile che le persone sentano il desiderio naturale di condividerlo con i propri amici e seguaci.

Inoltre, gli autori possono sfruttare il potere del marketing virale attraverso la collaborazione con influencer e figure di spicco nel settore editoriale o in altri settori correlati. Lavorare con influencer può consentire agli autori di raggiungere un pubblico più ampio e affidabile, poiché gli influencer hanno già una base di seguaci fedeli che rispettano le loro opinioni e raccomandazioni. Questa collaborazione può assumere forme diverse, come recensioni di libri, interviste con l'autore, partecipazione a eventi online o promozione incrociata attraverso i canali social degli influencer.

Inoltre, la creazione di contenuti che si collegano a eventi o tendenze attuali può aumentare la loro probabilità di diventare virali. Ad esempio, un libro che affronta tematiche di attualità o che si collega a eventi rilevanti può ottenere maggiore visibilità e interesse da parte del pubblico. Gli autori possono anche sfruttare gli hashtag popolari e partecipare alle conversazioni online per aumentare la visibilità del proprio libro e raggiungere nuovi lettori.

Infine, è importante incoraggiare attivamente il coinvolgimento e la condivisione da parte del pubblico attraverso chiamate all'azione chiare e invitanti. Gli autori possono incoraggiare i lettori a condividere le proprie esperienze di lettura sui social media, a partecipare a concorsi o sfide legate al libro e a invitare i propri amici a partecipare alla conversazione. In questo modo, il pubblico diventa parte integrante della strategia di marketing virale, aiutando a diffondere il messaggio del libro in modo autentico e organico.

VII. Utilizzo di Strumenti di Promozione su Amazon

1. Ottimizzazione del profilo autore su Amazon

L'ottimizzazione del profilo autore su Amazon rappresenta un passo cruciale nella promozione efficace dei tuoi libri. Il profilo autore è la tua vetrina personale su Amazon, dove i lettori possono conoscere te e le tue opere. Per massimizzare l'impatto del tuo profilo, è essenziale curare ogni dettaglio e sfruttare al massimo le opportunità offerte da questa piattaforma di distribuzione.

Innanzitutto, assicurati di avere una biografia autore dettagliata e coinvolgente. Questo è il tuo biglietto da visita per i lettori interessati a conoscere di più su di te e sulle tue opere. Racconta la tua storia, le tue motivazioni, le tue esperienze e tutto ciò che può suscitare l'interesse dei potenziali lettori. Non esitare a condividere aneddoti personali, curiosità sul tuo processo creativo e altre informazioni che possano creare un legame emotivo con il pubblico.

Inoltre, assicurati di includere una foto autore professionale. Una foto di alta qualità ti aiuterà a trasmettere professionalità e affidabilità ai lettori. Scegli un'immagine che rappresenti al meglio la tua personalità e il tuo stile, evitando foto poco chiare o poco professionali che potrebbero compromettere la tua credibilità.

Oltre alla biografia e alla foto, considera anche l'inclusione di link utili, come il tuo sito web personale o i tuoi profili sui social media, per consentire ai lettori di approfondire ulteriormente la tua conoscenza. Questo può essere particolarmente utile se hai altri progetti editoriali o se desideri mantenere un contatto diretto con i tuoi fan.

Infine, non trascurare la sezione dedicata alle domande frequenti (FAQ) o alle risposte ai lettori. Questo è un ottimo modo per fornire informazioni aggiuntive sulle tue opere, rispondere alle domande comuni dei lettori e fornire ulteriori dettagli che potrebbero influenzare la loro decisione d'acquisto. Assicurati di mantenere queste informazioni aggiornate e pertinenti per massimizzare l'efficacia del tuo profilo autore su Amazon.

Ottimizzare il tuo profilo autore su Amazon è un investimento prezioso nel successo a lungo termine delle tue opere. Prenditi il tempo necessario per curare ogni dettaglio e assicurati di offrire ai lettori un'esperienza coinvolgente e informativa. Un profilo autore ben curato può fare la differenza nel catturare l'attenzione dei lettori e aumentare le vendite dei tuoi libri su Amazon.

2. Utilizzo delle recensioni per aumentare la visibilità

Le recensioni sono un elemento fondamentale per aumentare la visibilità dei tuoi libri su Amazon. Esse non solo forniscono agli utenti un'idea della qualità e del contenuto del tuo libro, ma anche influenzano significativamente il posizionamento nelle ricerche e le decisioni d'acquisto dei potenziali lettori. Pertanto, è importante adottare una strategia mirata per incoraggiare e gestire le recensioni in modo efficace.

Innanzitutto, cerca di incentivare attivamente i lettori a lasciare recensioni dopo aver letto il tuo libro. Puoi farlo includendo un breve messaggio di ringraziamento alla fine del tuo libro, invitando i lettori a condividere le loro opinioni e impressioni sulla pagina del prodotto su Amazon. È importante che questo invito sia discreto e non invasivo, in modo da non compromettere l'esperienza di lettura dei tuoi lettori.

Inoltre, cerca di stabilire un rapporto autentico e genuino con i tuoi lettori. Rispondi prontamente alle recensioni esistenti, ringraziando i lettori per il feedback positivo e risolvendo eventuali preoccupazioni o critiche in modo professionale e cortese. Dimostrare un'impegno verso i tuoi lettori può contribuire a costruire una comunità di fan fedeli e a generare un buzz positivo intorno ai tuoi libri.

È anche importante monitorare regolarmente le recensioni e agire prontamente per affrontare eventuali problemi o critiche. Se noti recensioni negative che sollevano preoccupazioni legittime, cerca di risolverle con trasparenza e impegno per migliorare la tua opera. Questo dimostrerà agli utenti che sei attento al loro feedback e che sei disposto a fare del tuo meglio per soddisfare le loro aspettative.

Infine, non sottovalutare l'importanza della qualità del tuo libro nel generare recensioni positive. Offrire un contenuto di alta qualità e coinvolgente è il miglior modo per incoraggiare i lettori a lasciare recensioni entusiastiche e a condividere il tuo libro con gli altri. Investi tempo ed energie nella scrittura e nella revisione del tuo libro per assicurarti di offrire un'esperienza di lettura memorabile e appagante.

3. Strategie di promozione attraverso le pagine del libro

Le pagine del libro possono essere sfruttate in modo creativo e strategico per promuovere ulteriormente il tuo lavoro e aumentare la visibilità sul marketplace di Amazon. Ecco alcune strategie efficaci per utilizzare le pagine del libro a vantaggio della tua promozione:

1. **Pagina di ringraziamenti e invito all'azione:** Alla fine del tuo libro, inserisci una pagina dedicata ai ringraziamenti dove esprimi la tua gratitudine ai lettori per aver scelto il tuo libro. Utilizza questa pagina per incoraggiare i lettori a lasciare una recensione su Amazon, condividere il libro con amici e familiari e seguirti su social media per rimanere aggiornati sulle tue future pubblicazioni. Puoi anche includere un link diretto alla pagina del prodotto su Amazon per facilitare il processo di recensione.

2. **Anteprima di altri libri:** Se hai altri libri pubblicati, considera l'opportunità di inserire un'anteprima o un estratto di uno di essi nelle ultime pagine del tuo libro. Questo può essere un ottimo modo per esporre i tuoi altri lavori ai lettori che potrebbero essere interessati a esplorare ulteriormente la tua scrittura.

3. **Link a risorse aggiuntive:** Se il tuo libro include argomenti o temi che possono beneficiare di ulteriori risorse o informazioni, considera l'idea di inserire dei link a risorse aggiuntive online. Questi potrebbero essere link a articoli correlati, video tutorial, guide gratuite o altri contenuti rilevanti che offrono valore aggiunto ai lettori e li incoraggiano a impegnarsi ulteriormente con il tuo lavoro.

4. **Offerte speciali e sconti:** Utilizza le pagine del libro per offrire agli utenti offerte speciali o sconti sui tuoi altri libri o prodotti correlati. Ad esempio, potresti includere un codice promozionale esclusivo che i lettori possono utilizzare per ottenere uno sconto sul prossimo acquisto di uno dei tuoi libri.

5. **Promozione di servizi o corsi:** Se offri servizi o corsi correlati al contenuto del tuo libro, puoi promuoverli sulle pagine del libro. Ad esempio, se hai scritto un libro sulla scrittura creativa, potresti promuovere un corso online sulla stessa tematica.

L'utilizzo strategico delle pagine del libro può aumentare l'engagement dei lettori e fornire loro ulteriori opportunità di interazione con il tuo marchio e i tuoi prodotti. Assicurati di bilanciare la promozione con il valore percepito dai lettori, mantenendo sempre l'obiettivo di offrire loro un'esperienza di lettura positiva e significativa.

4. Campagne pubblicitarie tramite Amazon Advertising

Le campagne pubblicitarie tramite Amazon Advertising rappresentano uno strumento potentissimo per promuovere i tuoi libri su Amazon KDP e massimizzare la loro visibilità. Questo servizio ti consente di creare annunci pubblicitari mirati che vengono visualizzati direttamente sul sito di Amazon, mettendo il tuo libro sotto gli occhi di potenziali acquirenti interessati al tuo genere o argomento.

Una delle principali vantaggi delle campagne pubblicitarie su Amazon è la capacità di raggiungere un pubblico altamente mirato. Puoi definire i criteri di targeting in base a diversi parametri, come interessi degli utenti, parole chiave correlate al tuo libro, categorie di prodotto e molto altro ancora. In questo modo, puoi assicurarti che i tuoi annunci vengano mostrati agli utenti che sono più inclini ad essere interessati al tuo libro, aumentando così le probabilità di conversione.

Amazon Advertising offre anche diverse opzioni di campagna, tra cui:

1. Campioni Kindle: Puoi creare annunci che consentono ai potenziali lettori di scaricare un campione gratuito del tuo libro direttamente sul loro dispositivo Kindle. Questo è un ottimo modo per attirare l'interesse dei lettori e permettere loro di familiarizzare con il tuo stile di scrittura prima di fare un acquisto.

2. Annunci sponsorizzati per risultati di ricerca: Questi annunci appaiono nella pagina dei risultati di ricerca di Amazon quando gli utenti cercano parole chiave correlate al tuo libro. Possono aiutare a posizionare il tuo libro in cima ai risultati di ricerca e ad attirare l'attenzione degli acquirenti potenziali.

3. Annunci sponsorizzati per i dettagli del prodotto: Questi annunci vengono visualizzati direttamente sulla pagina del prodotto di un libro simile al tuo. Possono essere un ottimo modo per mostrare il tuo libro a chi sta già esplorando titoli simili e potrebbe essere interessato alla tua opera.

Quando crei una campagna pubblicitaria su Amazon, è importante monitorare attentamente le prestazioni degli annunci e apportare eventuali ottimizzazioni necessarie. Puoi analizzare metriche come il tasso di clic (CTR), il costo per clic (CPC) e le conversioni per valutare l'efficacia della tua campagna e apportare eventuali aggiustamenti per massimizzare il rendimento del tuo investimento pubblicitario.

5. Sfruttare le promozioni e gli sconti offerti da Amazon

Sfruttare le promozioni e gli sconti offerti da Amazon rappresenta una strategia fondamentale per aumentare le vendite e promuovere la visibilità dei tuoi libri su Amazon KDP. Questa piattaforma offre diverse opzioni per lanciare promozioni temporanee e offerte speciali, che possono essere utilizzate in modo strategico per attirare l'attenzione degli acquirenti e stimolare le vendite.

Una delle promozioni più popolari è il Kindle Countdown Deal, che consente agli autori di offrire i loro ebook a un prezzo scontato per un periodo limitato, mentre il prezzo ritorna gradualmente al suo valore originale. Questa è un'ottima opportunità per creare un senso di urgenza tra i potenziali acquirenti, spingendoli a fare l'acquisto prima che l'offerta scada.

Inoltre, Amazon offre la possibilità di creare promozioni a tempo per i libri cartacei, come sconti temporanei sul prezzo di copertina o offerte speciali come "Compra uno, prendine uno gratis". Queste promozioni possono essere pubblicizzate attraverso la pagina del tuo libro su Amazon e possono attirare l'attenzione degli acquirenti che potrebbero essere indecisi sull'acquisto.

È anche possibile utilizzare i buoni regalo Amazon per promuovere i tuoi libri. Puoi regalare copie gratuite dei tuoi ebook o offrire buoni sconto ai lettori che partecipano a concorsi o eventi promozionali sul tuo sito web o sui social media.

Infine, Amazon offre il programma Kindle Unlimited, che consente agli abbonati di leggere un numero illimitato di libri ebook per una tariffa mensile fissa. Partecipare a questo programma può aumentare la visibilità dei tuoi libri e generare entrate aggiuntive attraverso i pagamenti basati sul numero di pagine lette.

Sfruttare appieno le promozioni e gli sconti offerti da Amazon richiede una pianificazione strategica e un'analisi attenta delle tendenze di mercato e del comportamento degli acquirenti. Monitorare attentamente le prestazioni delle tue promozioni e apportare eventuali aggiustamenti in base ai risultati ottenuti è fondamentale per massimizzare l'efficacia delle tue campagne promozionali.

6. Utilizzo dei tag Kindle per migliorare la ricerca

L'utilizzo dei tag Kindle è una strategia fondamentale per migliorare la visibilità e la ricerca dei tuoi libri su Amazon KDP. I tag sono parole chiave o frasi che descrivono il contenuto del tuo libro e che vengono utilizzate dagli algoritmi di ricerca di Amazon per mostrare i tuoi libri agli acquirenti pertinenti.

Quando selezioni i tag per il tuo libro, è importante scegliere parole chiave pertinenti e specifiche che riflettano accuratamente il contenuto e il genere del tuo libro. Evita di utilizzare parole generiche o troppo ampie che potrebbero far concorrenza a libri con un pubblico diverso dal tuo. Invece, concentrati su parole chiave mirate che siano rilevanti per il tuo pubblico di riferimento e che riflettano il tema principale, il genere e gli argomenti trattati nel tuo libro.

Inoltre, è utile utilizzare sia tag generali che tag più specifici per coprire una gamma più ampia di ricerche potenziali. Ad esempio, se il tuo libro è un romanzo giallo, potresti utilizzare tag come "giallo", "mistero", "investigazione", ma anche tag più specifici come "detective privato", "omicidio", "thriller psicologico" a seconda del contenuto specifico del tuo libro.

Una volta selezionati i tag, assicurati di inserirli correttamente nel processo di pubblicazione del tuo libro su Amazon KDP. Amazon consente di inserire fino a sette tag per ciascun libro, quindi assicurati di sfruttare appieno questa opportunità utilizzando tag che coprano una vasta gamma di parole chiave rilevanti per il tuo libro.

Infine, monitora regolarmente le prestazioni dei tuoi libri e dei tag utilizzati. Se noti che alcuni tag non stanno generando molte visualizzazioni o clic, considera la possibilità di sostituirli con nuove parole chiave più efficaci e pertinenti. L'ottimizzazione continua dei tag è essenziale per assicurare che i tuoi libri siano facilmente trovati dagli acquirenti interessati.

7. Creazione di un trailer o video promozionale per il libro su Amazon

La creazione di un trailer o video promozionale per il tuo libro su Amazon può essere un'ottima strategia per catturare l'attenzione dei potenziali lettori e aumentare le vendite. Un video ben realizzato può trasmettere l'essenza del tuo libro in modo coinvolgente e persuasivo, fornendo agli utenti un'anteprima del contenuto e suscitando il loro interesse a esplorare ulteriormente.

Quando crei un trailer o video promozionale per il tuo libro, è importante tenere presente alcuni punti chiave. Innanzitutto, definisci chiaramente l'obiettivo del video e il messaggio che desideri trasmettere. Che si tratti di presentare il tuo libro, suscitare curiosità sul suo contenuto o coinvolgere emotivamente gli spettatori, assicurati che il tuo video abbia un focus chiaro e coerente.

Inoltre, assicurati di utilizzare immagini, suoni e testi che siano in linea con il tono e lo stile del tuo libro. Il video dovrebbe riflettere l'atmosfera e il tema del tuo libro, fornendo agli spettatori un'idea accurata di cosa aspettarsi una volta che inizieranno a leggere.

Quando si tratta di creare il contenuto effettivo del video, puoi utilizzare una varietà di elementi, tra cui estratti dal libro, immagini correlate, recensioni dei lettori, interviste con l'autore o animazioni grafiche. Assicurati che il video sia visivamente accattivante e che catturi l'attenzione degli spettatori fin dall'inizio.

Una volta completato il video, è importante promuoverlo efficacemente per massimizzare la sua visibilità e impatto. Puoi condividere il video sui tuoi canali di social media, incorporarlo sul tuo sito web o blog, e includerlo nelle tue email di marketing. Inoltre, considera la possibilità di utilizzare la pubblicità a pagamento su piattaforme come YouTube o Facebook per raggiungere un pubblico più ampio.

Infine, monitora attentamente le prestazioni del tuo video e apporta eventuali modifiche o ottimizzazioni in base ai feedback e ai risultati ottenuti. L'analisi delle metriche di visualizzazione, interazione e conversione ti aiuterà a valutare l'efficacia del tuo video e a migliorare le tue future strategie di marketing.

8. Monitoraggio delle prestazioni con strumenti di analisi dei dati

Il monitoraggio delle prestazioni del tuo libro su Amazon è fondamentale per valutare l'efficacia delle tue strategie di marketing e promozione e ottimizzare il tuo processo decisionale. Per fare ciò in modo efficace, è essenziale utilizzare gli strumenti di analisi dei dati disponibili per raccogliere informazioni dettagliate sulle prestazioni del tuo libro e sull'interazione dei lettori.

Uno strumento di analisi fondamentale è il dashboard di Amazon KDP, che fornisce una panoramica delle vendite, delle pagine lette, delle recensioni e delle promozioni attive. Attraverso il dashboard, puoi monitorare da vicino le tendenze di vendita, identificare i periodi di picco e calo delle vendite e valutare l'impatto delle tue attività di marketing.

Oltre al dashboard di Amazon KDP, puoi utilizzare strumenti di analisi dei dati più avanzati, come Google Analytics, per ottenere una comprensione più approfondita del comportamento dei visitatori sul tuo sito web o blog, se lo utilizzi per promuovere il tuo libro. Con Google Analytics, puoi tracciare il traffico del sito, monitorare le conversioni e identificare le fonti di traffico che generano le vendite.

Altri strumenti utili includono piattaforme di monitoraggio dei social media, come Hootsuite o Buffer, che ti consentono di analizzare le prestazioni delle tue campagne pubblicitarie e il coinvolgimento dei tuoi follower sui vari canali di social media. Questi strumenti forniscono dati dettagliati sulle impressioni, i clic, gli share e i commenti, consentendoti di valutare l'efficacia delle tue strategie di promozione sui social media.

Una volta raccolti i dati, è importante analizzarli in modo critico per identificare tendenze, modelli e opportunità di ottimizzazione. Ad esempio, potresti scoprire che le vendite del tuo libro aumentano dopo l'invio di una newsletter agli abbonati o durante una promozione scontata. Utilizza queste informazioni per iterare e perfezionare le tue future strategie di marketing, concentrandoti sulle attività che generano i migliori risultati.

In sintesi, il monitoraggio delle prestazioni con strumenti di analisi dei dati è un elemento cruciale del processo di promozione e vendita del tuo libro su Amazon. Utilizza questi strumenti per ottenere informazioni approfondite sul comportamento dei lettori e per ottimizzare continuamente le tue strategie di marketing e promozione.

VIII. Creazione di una Pagina Autore Efficace

1. Importanza della Pagina Autore su Amazon

La pagina autore su Amazon rappresenta un fondamentale strumento di marketing e promozione per gli autori indipendenti e gli editori. Questo spazio dedicato consente agli scrittori di presentarsi al loro pubblico, di condividere informazioni personali e di creare un legame emotivo con i potenziali lettori. È una vetrina virtuale che offre agli autori l'opportunità di raccontare la propria storia, di mettere in luce le proprie opere e di influenzare positivamente le decisioni d'acquisto dei lettori. Una pagina autore curata e completa può fare la differenza tra un libro che passa inosservato e uno che cattura l'attenzione degli acquirenti online.

Essenzialmente, la pagina autore rappresenta il biglietto da visita digitale di un autore su Amazon. È il primo punto di contatto tra l'autore e il potenziale lettore, e come tale deve essere curata con estrema attenzione. Non solo fornisce informazioni sullo scrittore e sulla sua opera, ma svolge anche un ruolo cruciale nel convincere i lettori della qualità e dell'affidabilità dell'autore stesso. Una pagina autore ben strutturata e informativa può aumentare la credibilità dell'autore agli occhi dei lettori e migliorare le possibilità di vendita dei suoi libri.

Una delle ragioni principali per cui la pagina autore su Amazon
è così importante è il suo impatto sulla decisione d'acquisto dei
lettori. Gli acquirenti online spesso cercano informazioni
aggiuntive sugli autori prima di decidere se acquistare un libro
o meno. Una pagina autore ben curata fornisce loro queste
informazioni in modo chiaro e accessibile, aiutandoli a
comprendere meglio l'autore, la sua opera e il suo stile
letterario. Inoltre, una pagina autore completa e dettagliata può
contribuire a creare un legame emotivo con i lettori, che si
sentono più coinvolti e affezionati all'autore e alle sue opere.

La pagina autore su Amazon è anche uno strumento
fondamentale per la creazione di una presenza online
autorevole e riconoscibile. Una presenza digitale forte può
aiutare gli autori a distinguersi dalla concorrenza e a farsi
notare dai lettori. Una pagina autore professionale e ben curata
comunica ai lettori che l'autore è impegnato seriamente nel
proprio mestiere e che si preoccupa della sua reputazione e
della soddisfazione dei lettori. Questo può influenzare
positivamente l'immagine dell'autore e la percezione della sua
credibilità e competenza nel settore editoriale.

In definitiva, la pagina autore su Amazon è uno strumento di
marketing potente e versatile che gli autori possono utilizzare
per promuovere se stessi e le proprie opere. Investire tempo ed
energie nella creazione e nell'ottimizzazione di una pagina
autore efficace può fare la differenza nel successo commerciale
di un autore su Amazon KDP.

2. Elementi Chiave per una Pagina Autore Efficace

La creazione di una pagina autore efficace su Amazon richiede
l'attenzione a diversi elementi chiave che contribuiscono a
rendere questa pagina accattivante e informativa per i
potenziali lettori. Tra questi elementi fondamentali vi sono:

1. **Biografia dell'autore:** La biografia dell'autore è una sezione cruciale della pagina autore, in cui lo scrittore ha l'opportunità di presentarsi al pubblico. Questa biografia dovrebbe essere ben scritta, coinvolgente e autentica, fornendo informazioni pertinenti sulla vita, le esperienze e le passioni dell'autore. È anche importante includere dettagli che possano creare un legame emotivo con i lettori e suscitare il loro interesse per le opere dell'autore.

2. **Foto dell'autore:** Una foto dell'autore aggiunge un tocco personale alla pagina autore e aiuta i lettori a connettersi con l'autore su un livello più umano. La foto dovrebbe essere professionale e riflettere l'immagine che l'autore desidera proiettare al pubblico. È importante che l'autore appaia cordiale e accessibile nella foto, in modo da incoraggiare i lettori a instaurare un rapporto con lui.

3. **Elenco delle opere:** Una sezione dedicata alle opere dell'autore è essenziale per una pagina autore efficace. Qui, l'autore dovrebbe elencare tutti i suoi libri pubblicati su Amazon, inclusi titoli, copertine e brevi descrizioni. Questo permette ai lettori di esplorare facilmente l'intera bibliografia dell'autore e di scoprire nuovi libri che potrebbero interessarli.

4. **Link alle pagine dei libri:** Ogni libro dell'autore dovrebbe avere un link diretto alla sua pagina di vendita su Amazon. Questo consente ai lettori di visualizzare facilmente i dettagli del libro e di effettuare un acquisto immediato se sono interessati. Inoltre, è utile includere recensioni e valutazioni dei lettori sotto ciascun libro, in modo da fornire una prova sociale della qualità e dell'apprezzamento delle opere dell'autore.

5. **Contatti e social media:** Infine, è importante includere informazioni di contatto dell'autore, come un indirizzo email o un sito web personale, per permettere ai lettori di mettersi in contatto direttamente con lui. Inoltre, è utile fornire collegamenti ai profili social dell'autore, come Facebook, Twitter o Instagram, dove i lettori possono seguire le attività dell'autore e rimanere aggiornati sulle sue ultime pubblicazioni e eventi.

Con attenzione a questi elementi chiave, gli autori possono creare pagine autore efficaci su Amazon che catturano l'attenzione dei lettori e promuovono con successo le loro opere.

3. Utilizzo delle Biografie per Coinvolgere i Lettori

Le biografie degli autori rappresentano un'opportunità unica per coinvolgere i lettori e creare un legame significativo con loro. Una biografia ben scritta e accurata può fare la differenza nel suscitare l'interesse dei lettori e convincerli a esplorare ulteriormente le opere dell'autore. Ecco alcuni modi per utilizzare efficacemente le biografie per coinvolgere i lettori:

1. **Autenticità e trasparenza:** Una biografia autentica e sincera è essenziale per instaurare una connessione genuina con i lettori. Gli autori dovrebbero essere onesti riguardo alle loro esperienze, alle loro sfide e ai loro successi, permettendo ai lettori di conoscere la persona dietro alle opere. Questo senso di trasparenza contribuisce a creare fiducia e affinità tra l'autore e il pubblico.

2. **Racconto coinvolgente:** Una biografia non dovrebbe essere semplicemente un elenco di fatti e realizzazioni, ma piuttosto un racconto coinvolgente che cattura l'immaginazione dei lettori. Gli autori possono utilizzare tecniche narrative per rendere la propria storia avvincente e memorabile, utilizzando dettagli vividi, aneddoti interessanti e momenti significativi della propria vita.

3. **Condivisione di passione e motivazione:** Le biografie offrono agli autori l'opportunità di condividere le proprie passioni, ispirazioni e motivazioni che li hanno spinti a scrivere. Parlare delle ragioni profonde che stanno dietro alle opere dell'autore può suscitare l'interesse dei lettori e far loro capire meglio il contesto emotivo e creativo dei libri.

4. **Collegamento con il tema o il genere del libro:** Quando possibile, gli autori dovrebbero cercare di collegare la propria biografia al tema o al genere dei propri libri. Ad esempio, se un autore scrive romanzi storici, potrebbe condividere dettagli sulla propria passione per la storia o le esperienze che hanno ispirato i suoi racconti. Questo tipo di collegamento aiuta a rafforzare il legame tra l'autore e il suo pubblico di riferimento.

5. **Invito all'interazione:** Infine, una biografia dovrebbe incoraggiare l'interazione e il coinvolgimento da parte dei lettori. Gli autori possono invitare i lettori a condividere le proprie esperienze o a porre domande, creando così un dialogo dinamico e stimolante. Questo tipo di interazione può contribuire a creare una comunità attiva intorno all'autore e alle sue opere.

In definitiva, una biografia ben scritta e strategica può essere uno strumento potente per coinvolgere i lettori e promuovere con successo le opere dell'autore su Amazon.

4. Ottimizzazione delle Immagini e dei Contenuti sulla Pagina Autore

L'ottimizzazione delle immagini e dei contenuti sulla pagina autore su Amazon è un passo cruciale per massimizzare la visibilità e l'attrattiva delle opere di un autore. Ecco alcuni suggerimenti pratici per ottimizzare efficacemente le immagini e i contenuti sulla pagina autore:

1. **Foto dell'autore:** La foto dell'autore è uno degli elementi più importanti sulla pagina autore. Deve essere di alta qualità, professionale e rappresentativa dell'autore. È consigliabile scegliere una foto che trasmetta un'immagine autentica e accattivante dell'autore, che possa suscitare interesse e fiducia nei lettori. Assicurarsi che la foto sia ben illuminata e che l'autore sia vestito in modo appropriato per il proprio pubblico di riferimento.

2. **Banner o immagine di copertina:** Amazon consente agli autori di personalizzare la propria pagina autore con un banner o un'immagine di copertina. Questo spazio può essere utilizzato per promuovere le opere dell'autore, condividere citazioni o fornire informazioni aggiuntive sulle prossime pubblicazioni. È importante che il banner sia accattivante e coerente con lo stile e il tema delle opere dell'autore.

3. **Biografia dettagliata:** Oltre alla biografia breve visualizzata sulla pagina autore, è consigliabile includere anche una biografia più dettagliata che fornisca informazioni approfondite sull'autore, le sue esperienze e le sue motivazioni. Questa biografia più estesa può essere visualizzata nella sezione "Biografia dell'autore" sotto il profilo autore. Assicurarsi che la biografia sia ben scritta, interessante e rilevante per il pubblico di riferimento dell'autore.

4. **Link alle piattaforme social:** Se l'autore è attivo su piattaforme social come Twitter, Facebook o Instagram, è consigliabile includere i link ai suoi profili social sulla pagina autore. Questo permette ai lettori di connettersi con l'autore e seguire le sue attività sui social media, creando così un legame più forte e interattivo.

5. **Recensioni e testimonianze:** Le recensioni e le testimonianze positive possono aumentare significativamente l'attrattiva delle opere dell'autore. Assicurarsi di mostrare le recensioni più rilevanti e favorevoli direttamente sulla pagina autore, evidenziando il feedback positivo dei lettori. Questo può aiutare a conferire maggiore credibilità e autorevolezza all'autore e alle sue opere.

6. **Contenuti extra:** Infine, considerare l'inclusione di contenuti extra sulla pagina autore, come interviste, articoli, video o anteprime esclusive. Questi contenuti aggiuntivi possono fornire ai lettori un'ulteriore motivazione per esplorare le opere dell'autore e aumentare l'interesse e l'engagement complessivo.

Ottimizzare le immagini e i contenuti sulla pagina autore su Amazon richiede cura, attenzione ai dettagli e una comprensione approfondita del proprio pubblico di riferimento. Investire tempo ed energie in questo processo può fare la differenza nel promuovere con successo le opere dell'autore e raggiungere un pubblico più ampio.

5. Strategie per Aumentare l'Attrattiva e l'Engagement della Pagina Autore

Per aumentare l'attrattiva e l'engagement della pagina autore su Amazon, è fondamentale adottare strategie efficaci che catturino l'attenzione dei lettori e li incoraggino a esplorare ulteriormente le opere dell'autore. Di seguito sono riportate alcune strategie pratiche per ottenere questo obiettivo:

1. **Offrire anteprime gratuite:** Una delle strategie più efficaci per aumentare l'attrattiva della pagina autore è offrire anteprime gratuite delle opere dell'autore. Questo consente ai lettori di avere un assaggio del contenuto del libro prima di effettuare l'acquisto, aumentando le probabilità che scelgano di acquistare il libro completo.

2. **Organizzare concorsi e giveaway:** I concorsi e i giveaway possono essere un ottimo modo per generare interesse attorno alle opere dell'autore e aumentare l'engagement dei lettori. Ad esempio, l'autore potrebbe organizzare un giveaway in cui i partecipanti devono condividere la propria opinione sulle opere dell'autore o rispondere a domande relative ai temi trattati nei libri per avere la possibilità di vincere una copia autografata del libro o altri premi.

3. **Interagire con i lettori nei commenti:** Rispondere ai commenti dei lettori sulla pagina autore è un modo efficace per creare un legame più stretto con il pubblico e dimostrare un vero interesse nei confronti dei lettori. L'autore può rispondere alle domande, ringraziare per i feedback positivi e fornire ulteriori informazioni sulle proprie opere, contribuendo così a migliorare l'engagement complessivo della pagina.

4. **Organizzare eventi online:** Gli eventi online, come sessioni di domande e risposte in diretta su piattaforme social o webinar tematici, possono essere un'ottima opportunità per coinvolgere i lettori e generare interesse attorno alle opere dell'autore. Durante questi eventi, l'autore può discutere dei propri libri, condividere aneddoti interessanti e interagire direttamente con il pubblico, creando così un'esperienza più coinvolgente per i lettori.

5. **Collaborare con altri autori:** Collaborare con altri autori per organizzare eventi congiunti, scambiare recensioni incrociate o promuovere reciprocamente le proprie opere può essere un modo efficace per ampliare l'audience e aumentare l'engagement della pagina autore. Lavorare in sinergia con altri autori consente di raggiungere nuovi lettori e creare connessioni significative all'interno della comunità letteraria.

6. **Mantenere la pagina autore aggiornata:** Infine, è fondamentale mantenere la pagina autore costantemente aggiornata con nuove informazioni, eventi e contenuti. Questo dimostra un impegno continuo nei confronti dei lettori e assicura che la pagina rimanga rilevante e interessante nel tempo.

Implementare queste strategie può aiutare gli autori a massimizzare l'attrattiva e l'engagement della propria pagina autore su Amazon, contribuendo così a promuovere con successo le proprie opere e raggiungere un pubblico più ampio.

IX. Sfruttare il Potere delle Recensioni dei Clienti

1. Importanza delle Recensioni: Guida all'Influenza del Feedback dei Clienti

Le recensioni dei clienti rappresentano uno degli elementi più cruciali nel processo di vendita dei libri su piattaforme come Amazon. Esse sono come la linfa vitale di un'autore, un nutrimento indispensabile che può portare alla crescita e al successo, o al declino e all'insuccesso di un libro. L'importanza delle recensioni va ben oltre la semplice valutazione di un prodotto da parte di un acquirente; esse sono un potente strumento di marketing, un indicatore di fiducia e reputazione, e un mezzo attraverso il quale i potenziali lettori valutano se un libro è degno della loro attenzione e del loro denaro.

Le recensioni non sono solo una forma di feedback, ma sono anche uno dei principali fattori che influenzano il posizionamento e la visibilità di un libro su piattaforme di vendita online come Amazon. Un libro con numerose recensioni positive ha maggiori probabilità di essere mostrato in evidenza agli utenti durante la ricerca e di essere consigliato al pubblico interessato. D'altra parte, un libro con poche o nessuna recensione potrebbe passare inosservato, perdendo così l'opportunità di catturare l'interesse di potenziali acquirenti.

Inoltre, le recensioni sono un potente strumento di persuasione sociale. Gli acquirenti tendono a fidarsi delle opinioni e delle esperienze degli altri acquirenti, utilizzando le recensioni come guida per prendere decisioni di acquisto. Un alto numero di recensioni positive può quindi aumentare la credibilità e l'autorità di un libro agli occhi dei potenziali lettori, incoraggiandoli a fare l'acquisto.

È importante sottolineare che le recensioni non devono essere semplicemente considerate come un indicatore di successo o insuccesso di un libro, ma anche come un prezioso strumento di apprendimento per gli autori. Le opinioni e i feedback dei lettori possono fornire preziose informazioni su ciò che funziona e ciò che non funziona nel libro, consentendo all'autore di migliorare le proprie abilità e di perfezionare opere future.

In sintesi, le recensioni dei clienti rappresentano un aspetto fondamentale nell'ecosistema della vendita dei libri online, influenzando il posizionamento, la visibilità, la credibilità e l'opinione generale sul libro. Comprendere l'importanza delle recensioni e saper gestire il feedback dei clienti in modo efficace è essenziale per il successo di un autore nel mondo dell'editoria digitale.

2. Strategie per Ottenere Recensioni Autentiche e Positive

Ottenere recensioni autentiche e positive è una sfida cruciale per gli autori che desiderano promuovere i propri libri su piattaforme come Amazon. Tuttavia, è importante adottare strategie etiche ed efficaci per stimolare i lettori a condividere le proprie opinioni in modo sincero e positivo. Di seguito, esploreremo alcune strategie pratiche per ottenere recensioni autentiche e positive:

1. **Coinvolgi i lettori con un approccio empatico:**
   Comunica con i lettori in modo autentico ed empatico,
   mostrando gratitudine per il tempo e l'attenzione che
   dedicano al tuo libro. Mostra interesse genuino per le
   loro opinioni e feedback, dimostrando che apprezzi il
   loro contributo alla comunità di lettori.

2. **Offri copie anteprima o promozioni speciali:**
   Incoraggia i lettori a recensire il tuo libro offrendo loro
   copie anteprima gratuite o sconti speciali. Questo può
   suscitare interesse e incentivare i lettori a condividere le
   proprie opinioni dopo aver letto il libro.

3. **Crea un ambiente favorevole:** Assicurati che il
   processo di recensione sia semplice e accessibile per i
   lettori. Fornisci istruzioni chiare su come lasciare una
   recensione su Amazon e offri supporto in caso di
   domande o problemi.

4. **Chiedi recensioni solo a lettori interessati:** Evita di
   chiedere recensioni in modo invadente o a lettori che
   potrebbero non essere interessati al tuo genere o
   argomento. Rivolgiti a lettori che hanno dimostrato
   interesse nel tuo lavoro o che potrebbero essere inclini a
   lasciare una recensione positiva.

5. **Promuovi l'interazione e il coinvolgimento:** Crea un
   ambiente interattivo e coinvolgente intorno al tuo libro,
   attraverso eventi virtuali, gruppi di lettura online o
   discussioni sui social media. Questo può stimolare il
   dialogo e incoraggiare i lettori a condividere le proprie
   opinioni in modo più spontaneo e positivo.

6. **Rispetta la privacy dei lettori:** Assicurati di rispettare
   la privacy dei lettori e di conformarti alle normative
   sulla protezione dei dati personali. Non condividere o
   utilizzare informazioni personali dei lettori senza il loro
   esplicito consenso.

In definitiva, ottenere recensioni autentiche e positive richiede una combinazione di strategie etiche, coinvolgenti e rispettose dei lettori. Approcciare il processo con trasparenza, gratitudine e rispetto può contribuire a costruire una reputazione solida e autentica come autore e a favorire il successo dei tuoi libri su Amazon.

3. Gestione delle Recensioni Negative: Approcci e Strategie Efficaci

La gestione delle recensioni negative è una parte cruciale della promozione dei libri su piattaforme come Amazon. Affrontare in modo efficace le critiche può fare la differenza tra una reputazione danneggiata e un'opportunità di miglioramento. Di seguito, esploreremo alcuni approcci e strategie efficaci per gestire le recensioni negative:

1. **Rispondi con professionalità e cortesia:** Quando incontri una recensione negativa, è importante rispondere con calma, professionalità e cortesia. Ringrazia il revisore per il feedback e dimostra apertura nei confronti delle critiche costruttive.

2. **Ascolta e comprendi le preoccupazioni:** Prima di rispondere, prenditi il tempo necessario per comprendere appieno le preoccupazioni del revisore. Analizza i punti sollevati nella recensione in modo obiettivo e cerca di capire le ragioni alla base delle critiche.

3. **Offri soluzioni o chiarimenti:** Se possibile, offri soluzioni o chiarimenti alle preoccupazioni espresse dal revisore. Spiega eventuali malintesi o errori e cerca di risolvere i problemi in modo costruttivo.

4. **Mostra impegno per il miglioramento:** Dimostra ai lettori che prendi sul serio il loro feedback e che sei impegnato nel migliorare il tuo lavoro. Illustra le azioni concrete che intendi intraprendere per affrontare le critiche e migliorare la qualità del tuo libro.

5. **Mantieni la trasparenza e l'onestà:** Sii trasparente e onesto nel gestire le recensioni negative. Evita di rimuovere o censurare critiche legittime e mostra rispetto per le opinioni diverse.

6. **Concentrati sulle recensioni positive:** Anche se è importante affrontare le recensioni negative, non trascurare di celebrare e valorizzare le recensioni positive. Concentrati sulle opinioni favorevoli dei lettori e utilizzale per promuovere il tuo libro in modo positivo.

7. **Focalizzati sul miglioramento continuo:** Utilizza le recensioni negative come opportunità per imparare e crescere come autore. Sfrutta il feedback dei lettori per migliorare la tua scrittura, la trama o altri aspetti del tuo lavoro.

In conclusione, gestire le recensioni negative richiede pazienza, diplomazia e un impegno per il miglioramento continuo. Affronta le critiche con professionalità e trasparenza, mostrando ai lettori che sei aperto al feedback e determinato a offrire loro la migliore esperienza di lettura possibile.

4. Utilizzo delle Recensioni per Migliorare il Posizionamento e le Vendite

Utilizzare le recensioni in modo strategico può essere un prezioso strumento per migliorare il posizionamento del tuo libro su Amazon e aumentare le vendite. Ecco alcuni modi efficaci per sfruttare le recensioni a tuo vantaggio:

1. **Feedback per il miglioramento del libro:** Le recensioni possono fornire preziosi insight sulle opinioni dei lettori riguardo al tuo libro. Analizzando i commenti e le critiche, puoi identificare punti di forza e debolezza della tua opera. Utilizza questo feedback per apportare miglioramenti al testo, alla trama, al personaggio o ad altri aspetti del libro che potrebbero beneficiare di una revisione.

2. **Influenza sul posizionamento:** Le recensioni influenzano direttamente il posizionamento del tuo libro nelle ricerche e nelle raccomandazioni di Amazon. Un alto numero di recensioni positive può migliorare la visibilità del tuo libro e posizionarlo più in alto nelle classifiche di vendita. Inoltre, le recensioni forniscono informazioni ai motori di ricerca di Amazon, aiutandoli a comprendere meglio il contenuto e il pubblico di destinazione del tuo libro.

3. **Creazione di social proof:** Le recensioni positive agiscono come una forma di "social proof" che può influenzare le decisioni di acquisto dei potenziali lettori. Le persone tendono ad essere più propense a acquistare un libro con numerose recensioni positive, poiché questo suggerisce che il libro sia di alta qualità e apprezzato da altri lettori. Assicurati di utilizzare le recensioni più entusiastiche e rilevanti per promuovere il tuo libro e generare interesse tra i potenziali acquirenti.

4. **Risposta alle recensioni:** Interagire attivamente con i revisori può contribuire a migliorare l'immagine del tuo libro e a costruire un rapporto positivo con i lettori. Rispondi alle recensioni con gratitudine per il feedback positivo e con apertura alle critiche costruttive. Questo dimostra che apprezzi il parere dei tuoi lettori e che sei impegnato nel fornire loro un'esperienza di lettura positiva.

5. **Incentivazione delle recensioni:** Puoi incoraggiare attivamente i lettori a lasciare recensioni sul tuo libro offrendo incentivi come omaggi, sconti o l'accesso a contenuti esclusivi. Assicurati di rispettare le linee guida di Amazon riguardo alle recensioni incentivizzate e di evitare pratiche vietate, come l'acquisto di recensioni false.

6. **Monitoraggio e adattamento:** Continua a monitorare le recensioni del tuo libro e ad adattare la tua strategia di marketing in base ai feedback ricevuti. Utilizza strumenti di analisi per tracciare le tendenze delle recensioni e identificare eventuali aree che necessitano di miglioramento.

Migliorare il posizionamento e le vendite del tuo libro su Amazon attraverso le recensioni richiede un approccio strategico e una gestione attenta del feedback dei lettori. Utilizza le recensioni come una risorsa preziosa per ottimizzare il tuo lavoro e per costruire una solida reputazione come autore.

5. Monitoraggio delle Recensioni e Risposte Tempestive: Chiave per una Gestione Efficace

Il monitoraggio delle recensioni e la risposta tempestiva sono fondamentali per una gestione efficace del feedback dei clienti su Amazon. Ecco perché:

1. **Rispondere prontamente alle recensioni:** La tempestività nella risposta alle recensioni dimostra il tuo impegno nei confronti dei lettori e la tua disponibilità a interagire con loro. Le risposte tempestive mostrano anche agli altri potenziali acquirenti che ti prendi sul serio il feedback dei tuoi lettori e che sei pronto a ascoltarli e a rispondere alle loro preoccupazioni.

2. **Ridurre il rischio di incomprensioni:** Rispondere prontamente alle recensioni negative può aiutare a evitare incomprensioni o fraintendimenti che potrebbero danneggiare la reputazione del tuo libro. Spesso, un chiarimento tempestivo può risolvere malintesi e problemi minori prima che si trasformino in controversie più gravi.

3. **Mostrare trasparenza e impegno:** Le risposte tempestive alle recensioni dimostrano trasparenza e impegno da parte tua come autore. Essere aperti al dialogo e disposti a rispondere alle domande dei lettori può contribuire a costruire fiducia e affermare la tua credibilità come autore.

4. **Gestire le situazioni di crisi:** In caso di recensioni negative o controversie, una risposta tempestiva e professionale può aiutare a gestire la situazione in modo appropriato e a limitare i danni alla reputazione del tuo libro. Rispondere con calma e rispetto può trasmettere un messaggio positivo ai lettori e mitigare eventuali danni causati da recensioni negative.

5. **Migliorare la percezione complessiva:** Il monitoraggio costante delle recensioni e delle risposte tempestive possono contribuire a migliorare la percezione complessiva del tuo libro e della tua persona come autore. Dimostrare attenzione ai dettagli e un vero interesse nel feedback dei lettori può aumentare la soddisfazione complessiva e incoraggiare i lettori a lasciare recensioni positive.

6. **Costruire relazioni con i lettori:** Rispondere alle recensioni non è solo una questione di gestione del feedback, ma anche di costruzione di relazioni con i lettori. Le risposte personali e autentiche possono aiutare a stabilire un legame emotivo con i lettori e a incoraggiare un senso di comunità intorno al tuo libro.

In sintesi, il monitoraggio delle recensioni e le risposte tempestive sono essenziali per gestire efficacemente il feedback dei clienti su Amazon. Assicurati di dedicare tempo e risorse a questa attività per massimizzare il potenziale del tuo libro e costruire una solida reputazione come autore.

X. Ottimizzazione delle Metadati per la Visibilità del Libro

1. Selezione delle Parole Chiave Rilevanti per il Tuo Libro

La selezione delle parole chiave appropriate per il tuo libro è un passo cruciale nella tua strategia di ottimizzazione dei metadati su Amazon. Le parole chiave sono i termini o le frasi che i lettori potenziali inseriscono nel motore di ricerca di Amazon quando cercano libri simili al tuo. Pertanto, è essenziale identificare le parole chiave più rilevanti e pertinenti per il tuo libro al fine di massimizzare la sua visibilità e raggiungere il pubblico giusto.

Per selezionare efficacemente le parole chiave, è importante comprendere appieno il contenuto, il tema e il genere del tuo libro. Analizza attentamente il suo argomento principale, i concetti chiave trattati e le caratteristiche distintive che lo rendono unico. Fai una lista delle parole e delle frasi che ritieni siano più pertinenti e descrittive del tuo libro.

Inoltre, è utile condurre ricerche approfondite sulle parole chiave utilizzate dai lettori nel tuo settore di nicchia. Esplora i libri simili al tuo e osserva quali parole chiave sono utilizzate nelle loro descrizioni, nei titoli e nei tag. Puoi anche utilizzare strumenti online di ricerca delle parole chiave per identificare le tendenze di ricerca e valutare la popolarità delle diverse parole chiave.

Una volta compilata la lista delle potenziali parole chiave, è importante testarle e ottimizzarle in base alle prestazioni. Monitora attentamente le metriche di ricerca e le conversioni per vedere quali parole chiave generano il maggior traffico e le vendite. Potresti anche considerare l'aggiornamento periodico delle tue parole chiave in base alle nuove tendenze di ricerca e al feedback dei lettori.

Infine, ricorda che la selezione delle parole chiave è un processo dinamico e iterativo. Continua a sperimentare e ad adattare le tue strategie di parole chiave per massimizzare l'efficacia della tua campagna di marketing su Amazon. Con una selezione accurata delle parole chiave, puoi aumentare significativamente la visibilità e le vendite del tuo libro su Amazon.

2. Creazione di Descrizioni Coinvolgenti e Persuasive

La creazione di descrizioni coinvolgenti e persuasive per il tuo libro su Amazon è fondamentale per catturare l'attenzione dei potenziali acquirenti e convincerli ad acquistare il tuo libro. Una descrizione efficace è come una vetrina che presenta il tuo libro in modo accattivante, suscitando interesse e stimolando la curiosità dei lettori. Ecco alcuni passaggi chiave per creare descrizioni che spiccano:

1. **Comprende il pubblico di riferimento:** Prima di tutto, devi capire chi è il tuo pubblico target. Quali sono i loro interessi, le loro esigenze e i loro desideri? Adatta il tono e il contenuto della tua descrizione per rispondere alle domande e alle preoccupazioni dei potenziali lettori.

2. **Inizia con un titolo accattivante:** Il titolo della tua descrizione deve essere breve, chiaro e coinvolgente. Utilizza parole d'azione, domande provocatorie o promesse intriganti per attirare l'attenzione del lettore fin dall'inizio.

3. **Cattura l'attenzione con un'introduzione persuasiva:** La prima frase della tua descrizione è cruciale. Usa un'apertura che colpisca immediatamente il lettore e lo inviti a continuare a leggere. Puoi iniziare con un'aneddoto interessante, una citazione significativa o una dichiarazione provocatoria.

4. **Descrivi il contenuto in modo accattivante:** Presenta il contenuto del tuo libro in modo chiaro e coinvolgente, evidenziando i suoi punti di forza, le sue unicità e i suoi benefici per il lettore. Utilizza un linguaggio vivido e descrittivo per dipingere un quadro vivido della storia o degli argomenti trattati nel libro.

5. **Includi testimonianze e recensioni:** Se il tuo libro ha ricevuto recensioni positive da parte di lettori o esperti del settore, assicurati di includerle nella tua descrizione. Le testimonianze autentiche possono aumentare la credibilità del tuo libro e convincere i potenziali acquirenti della sua qualità e del suo valore.

6. **Aggiungi un richiamo all'azione:** Concludi la tua descrizione con un chiaro richiamo all'azione che incoraggi i lettori ad acquistare il tuo libro. Utilizza frasi persuasive come "Acquista ora" o "Scopri di più" per spingere i lettori a compiere il passo successivo.

7. **Ottimizza per la ricerca:** Assicurati di includere parole chiave pertinenti nella tua descrizione per migliorare la sua visibilità nei risultati di ricerca di Amazon. Utilizza parole e frasi che i potenziali acquirenti potrebbero digitare quando cercano libri simili al tuo.

8. **Rivedi e ottimizza:** Una volta completata la tua descrizione, rivedila attentamente per correggere errori grammaticali, migliorare la chiarezza e raffinare il messaggio. Testa diverse versioni della tua descrizione per vedere quale genera il maggior coinvolgimento e le vendite.

Creare descrizioni coinvolgenti e persuasive richiede tempo, sforzo e creatività, ma è un investimento prezioso per il successo del tuo libro su Amazon. Con una descrizione ben curata, puoi aumentare significativamente le probabilità di attrarre lettori e generare vendite.

3. Utilizzo Efficace delle Categorie di Amazon

L'utilizzo efficace delle categorie di Amazon è cruciale per migliorare la visibilità e la scopribilità del tuo libro all'interno del vasto catalogo della piattaforma. Le categorie fungono da classificazioni che aiutano i lettori a trovare facilmente libri che rientrano nei loro interessi specifici. Ecco alcuni consigli su come sfruttare al meglio le categorie di Amazon per aumentare le probabilità di successo del tuo libro:

1. **Ricerca delle categorie rilevanti:** Inizia identificando le categorie più pertinenti per il tuo libro. Esplora il catalogo di Amazon e osserva quali categorie sono popolari per libri simili al tuo. Cerca di trovare categorie specifiche e pertinenti che riflettano al meglio il contenuto e il genere del tuo libro.

2. **Massimizza la rilevanza:** Quando selezioni le categorie per il tuo libro, assicurati di scegliere quelle che sono più rilevanti per il suo contenuto. Evita di selezionare categorie troppo generiche o poco pertinenti, poiché potrebbero compromettere la visibilità del tuo libro tra i lettori interessati a quel determinato argomento o genere.

3. **Sfrutta le categorie nascoste:** Amazon offre anche categorie nascoste che possono essere utili per aumentare la visibilità del tuo libro. Queste categorie sono meno frequentate ma possono essere un ottimo modo per distinguere il tuo libro dalla concorrenza. Esplora le opzioni di categorie nascoste e valuta se ci sono categorie che potrebbero essere adatte al tuo libro.

4. **Utilizza la strategia delle sottocategorie:** Oltre alle categorie principali, Amazon consente di selezionare anche sottocategorie più specifiche per il tuo libro. Sfrutta questa opportunità per affinare ulteriormente la classificazione del tuo libro e renderlo più facilmente individuabile dai lettori interessati a argomenti particolari all'interno del tuo genere principale.

5. **Monitora e ottimizza:** Dopo aver selezionato le categorie per il tuo libro, monitora regolarmente le prestazioni e l'andamento delle vendite. Se noti che il tuo libro non sta ottenendo la visibilità desiderata, potresti dover riconsiderare le categorie selezionate e apportare eventuali aggiustamenti per massimizzare il suo potenziale di scoperta.

6. **Testa e ottimizza:** Sperimenta con diverse combinazioni di categorie e sottocategorie per vedere quali generano il miglior risultato in termini di visibilità e vendite. Testa anche l'efficacia delle categorie nel tempo e apporta aggiustamenti in base alle tendenze e ai cambiamenti nel mercato.

Sfruttare efficacemente le categorie di Amazon è un elemento chiave nella strategia di marketing e promozione del tuo libro. Investire tempo ed energia nella selezione e ottimizzazione delle categorie può fare la differenza nel garantire che il tuo libro raggiunga il pubblico giusto e massimizzi il suo potenziale di vendita.

4. Ottimizzazione dei Titoli e dei Sottotitoli del Libro

L'ottimizzazione dei titoli e dei sottotitoli del libro è un aspetto fondamentale per massimizzare la visibilità e l'attrattiva del tuo libro su Amazon. Titoli e sottotitoli ben pensati non solo catturano l'attenzione dei potenziali lettori, ma anche migliorano la capacità del tuo libro di essere trovato attraverso la ricerca e la navigazione sulla piattaforma. Ecco alcuni suggerimenti su come ottimizzare efficacemente i titoli e i sottotitoli del tuo libro per massimizzare il suo impatto e le sue vendite:

1. **Sii chiaro e descrittivo:** Il titolo del tuo libro dovrebbe essere chiaro, descrittivo e rappresentativo del suo contenuto. Evita titoli troppo generici o ambigui che potrebbero confondere i potenziali lettori. Sii specifico e trasmetti chiaramente il tema o il messaggio principale del tuo libro.

2. **Utilizza parole chiave pertinenti:** Incorpora parole chiave pertinenti nel titolo e nel sottotitolo del tuo libro per migliorare la sua visibilità nei risultati di ricerca di Amazon. Le parole chiave dovrebbero riflettere i temi principali del tuo libro e gli interessi del pubblico di riferimento. Fai una ricerca approfondita delle parole chiave più rilevanti per il tuo genere e assicurati di integrarle organicamente nel titolo e nel sottotitolo.

3. **Sii accattivante e unico:** Il tuo titolo dovrebbe essere accattivante e unico per distinguersi dalla concorrenza e catturare l'attenzione dei potenziali lettori. Sperimenta con diverse opzioni di titoli e sottotitoli per trovare la combinazione più efficace che risuoni con il tuo pubblico di riferimento. Usa il linguaggio e lo stile appropriati per il tuo genere e il tono del tuo libro.

4. **Mantieni la brevità:** Anche se è importante essere descrittivi, è altrettanto cruciale mantenere il titolo e il sottotitolo del tuo libro concisi e al punto. Evita di sovraccaricare il titolo con troppe informazioni o di renderlo eccessivamente lungo. Cerca di catturare l'essenza del tuo libro in poche parole senza dilungarti troppo.

5. **Testa e ottimizza:** Testa diverse varianti del titolo e del sottotitolo del tuo libro per valutare quale funziona meglio in termini di attrattiva e conversione. Monitora attentamente le prestazioni delle diverse versioni e apporta eventuali aggiustamenti in base ai risultati ottenuti.

6. **Considera il feedback:** Prendi in considerazione il feedback dei lettori e dei colleghi di scrittura quando scegli il titolo e il sottotitolo del tuo libro. Il feedback esterno può offrire prospettive preziose e aiutarti a perfezionare il tuo messaggio per massimizzare l'attrattiva e l'efficacia del tuo libro.

Ottimizzare i titoli e i sottotitoli del tuo libro è un passo cruciale nella tua strategia di marketing e promozione su Amazon. Investi tempo ed energia nella creazione di titoli e sottotitoli coinvolgenti e persuasivi che catturino l'attenzione dei potenziali lettori e migliorino le probabilità di successo del tuo libro sulla piattaforma.

5. Gestione delle Etichette e dei Tag per la Massima Visibilità

La gestione delle etichette e dei tag è un aspetto cruciale per massimizzare la visibilità del tuo libro su Amazon e raggiungere il pubblico di riferimento. Le etichette e i tag sono metadati aggiuntivi che aiutano Amazon a categorizzare e catalogare il tuo libro, consentendo ai potenziali lettori di trovarlo più facilmente attraverso la ricerca e la navigazione sulla piattaforma. Ecco alcuni consigli pratici su come gestire efficacemente le etichette e i tag per massimizzare la visibilità del tuo libro:

1. **Scegli etichette pertinenti:** Quando selezioni le etichette per il tuo libro, assicurati di scegliere parole chiave pertinenti e rilevanti per il suo contenuto e il suo genere. Le etichette dovrebbero riflettere accuratamente i temi, i generi e gli argomenti trattati nel tuo libro, consentendo agli utenti di trovare il tuo libro in base alle loro specifiche aree di interesse.

2. **Utilizza sinonimi e varianti:** Oltre alle parole chiave principali, considera anche l'utilizzo di sinonimi e varianti per espandere ulteriormente la portata delle tue etichette. Questo può aiutare a catturare una gamma più ampia di ricerche e aumentare la visibilità del tuo libro su Amazon. Ad esempio, se il tuo libro è un romanzo storico, potresti includere etichette come "romanzo storico", "ficzione storica", "romanzo storico ambientato nel XIX secolo", ecc.

3. **Presta attenzione alle tendenze di ricerca:** Monitora le tendenze di ricerca e le parole chiave popolari nel tuo genere per identificare le etichette più efficaci per il tuo libro. Puoi utilizzare strumenti di ricerca delle parole chiave come Google Trends o strumenti di analisi del mercato del libro per identificare le tendenze emergenti e integrare queste informazioni nella selezione delle etichette del tuo libro.

4. **Sii specifico e accurato:** Assicurati che le tue etichette siano specifiche e accurate, evitando termini generici o vaghi che potrebbero non descrivere adeguatamente il contenuto del tuo libro. Più specifiche sono le etichette, maggiori sono le probabilità che il tuo libro venga visualizzato da lettori interessati al suo argomento.

5. **Aggiorna regolarmente le etichette:** Mantieni le etichette del tuo libro aggiornate in base alle tendenze del mercato e ai feedback dei lettori. Monitora le prestazioni delle etichette esistenti e apporta eventuali aggiustamenti o modifiche in base all'evoluzione del mercato e alle nuove opportunità di visibilità.

Gestire efficacemente le etichette e i tag del tuo libro su Amazon è essenziale per massimizzare la sua visibilità e le sue vendite sulla piattaforma. Investi tempo ed energia nella selezione e nell'ottimizzazione delle etichette per assicurarti che il tuo libro sia facilmente trovabile e attraente per il pubblico di riferimento.

6. Implementazione di Strategie di SEO per Migliorare il Posizionamento

L'implementazione di strategie di ottimizzazione dei motori di ricerca (SEO) può giocare un ruolo fondamentale nel migliorare il posizionamento del tuo libro su Amazon e aumentare la sua visibilità agli occhi dei potenziali acquirenti. Ecco alcuni suggerimenti pratici su come utilizzare efficacemente le strategie di SEO per ottimizzare il posizionamento del tuo libro:

1. *Ricerca delle parole chiave:* Inizia identificando le parole chiave rilevanti per il tuo libro. Queste sono le parole e le frasi che i potenziali lettori potrebbero digitare nella barra di ricerca di Amazon quando cercano libri simili al tuo. Utilizza strumenti di ricerca delle parole chiave per identificare le parole chiave più popolari e pertinenti nel tuo genere e nell'argomento del tuo libro.

2. *Integrazione delle parole chiave nel titolo e nella descrizione:* Una volta identificate le parole chiave principali, assicurati di integrarle strategicamente nel titolo del tuo libro e nella sua descrizione. Questo aiuterà Amazon a comprendere il contenuto del tuo libro e ad associarlo alle ricerche pertinenti effettuate dagli utenti.

3. *Utilizzo delle parole chiave nelle etichette e nei tag:* Le parole chiave dovrebbero essere anche integrate nelle etichette e nei tag del tuo libro su Amazon. Questo aiuterà a migliorare ulteriormente la sua visibilità nelle ricerche interne alla piattaforma.

4. **Creazione di una descrizione accattivante:** Oltre a integrare le parole chiave, assicurati che la descrizione del tuo libro sia accattivante e persuasiva. Descrivi in modo chiaro e coinvolgente il contenuto del tuo libro, evidenziando i suoi punti di forza e il suo valore per i potenziali lettori.

5. **Ottimizzazione delle immagini e dei contenuti multimediali:** Assicurati che le immagini e altri contenuti multimediali associati al tuo libro siano ottimizzati per i motori di ricerca. Utilizza parole chiave nei nomi dei file delle immagini e nei tag delle immagini, e considera l'inserimento di parole chiave nelle didascalie e nelle descrizioni delle immagini.

6. **Monitoraggio delle prestazioni e aggiornamenti:** Monitora regolarmente le prestazioni del tuo libro su Amazon utilizzando strumenti di analisi e dashboard di vendita. Questo ti aiuterà a valutare l'efficacia delle tue strategie di SEO e a fare eventuali aggiustamenti o ottimizzazioni in base ai risultati ottenuti.

Implementare strategie di SEO efficaci può fare la differenza nel posizionamento e nella visibilità del tuo libro su Amazon. Investi tempo ed energia nella ricerca delle parole chiave e nell'ottimizzazione dei contenuti per assicurarti di massimizzare il potenziale del tuo libro sulla piattaforma.

XI. Gestione dei Diritti d'Autore e delle Impostazioni di Prezzo

1. Strategie di Impostazione dei Prezzi per Massimizzare i Profitti

L'impostazione del prezzo di un libro è una delle decisioni più cruciali che un autore deve prendere durante il processo di pubblicazione.

Una strategia di pricing ben pianificata può fare la differenza tra il successo e il fallimento di un libro sul mercato. Per massimizzare i profitti, è essenziale adottare approcci intelligenti e considerare una serie di fattori.

Innanzitutto, è importante valutare il valore intrinseco del libro, considerando il suo contenuto, la sua qualità e il suo potenziale di vendita. Tuttavia, non è sufficiente fissare un prezzo basato esclusivamente su questi fattori.

È altrettanto importante comprendere il comportamento del mercato e analizzare i prezzi dei libri simili nella stessa categoria. Questo può aiutare a determinare un prezzo competitivo che attiri i potenziali acquirenti senza compromettere i profitti.

Inoltre, è fondamentale considerare il posizionamento del libro nel mercato e il suo target di pubblico. Un prezzo troppo alto potrebbe scoraggiare potenziali acquirenti, mentre un prezzo troppo basso potrebbe far percepire il libro come di bassa qualità. Trovare il giusto equilibrio è essenziale per massimizzare i profitti a lungo termine.

Infine, è importante essere flessibili e adattabili. Monitorare costantemente le vendite e i feedback dei lettori può fornire preziose informazioni per regolare il prezzo in base alla domanda e all'offerta.

Utilizzando queste strategie di impostazione dei prezzi in modo efficace, gli autori possono ottimizzare i loro profitti e massimizzare il successo dei loro libri su piattaforme come Amazon KDP.

2. Diritti d'Autore: Gestione e Protezione degli Interessi dell'Autore

La gestione e la protezione dei diritti d'autore sono cruciali per gli autori che desiderano proteggere i propri interessi e massimizzare i profitti derivanti dalla loro opera letteraria.

La prima fase della gestione dei diritti d'autore è la registrazione dell'opera presso l'ente competente, che può variare a seconda del Paese. Questo passaggio è essenziale perché fornisce una prova legale della creazione dell'opera e dei diritti dell'autore su di essa. In molti Paesi, inclusi gli Stati Uniti, la registrazione presso l'Ufficio del Copyright offre numerosi vantaggi, tra cui la possibilità di intentare azioni legali per violazioni dei diritti d'autore e di ottenere un risarcimento più elevato in caso di contenzioso.

Una volta registrato il copyright, è importante considerare le diverse modalità di distribuzione e sfruttamento dell'opera. Gli autori possono scegliere di concedere licenze d'uso a terzi, ad esempio a case editrici, riviste o altri media, in cambio di un compenso economico o di altri vantaggi. È importante redigere contratti chiari e dettagliati che definiscano i termini e le condizioni della licenza, inclusi i diritti esclusivi e non esclusivi, la durata della concessione e le modalità di pagamento.

Inoltre, gli autori devono essere consapevoli dei loro diritti digitali e online. Con l'avvento dell'editoria digitale e dell'autopubblicazione, è diventato più facile distribuire e diffondere opere su piattaforme online come Amazon KDP. Tuttavia, questo ha anche creato nuove sfide in termini di protezione dei diritti d'autore e combattimento della pirateria. Gli autori devono essere vigili nel monitorare l'uso non autorizzato delle loro opere online e adottare misure per proteggere i loro diritti, ad esempio utilizzando servizi di watermarking o DRM (Digital Rights Management).

Infine, è importante educare se stessi e gli altri sull'importanza del rispetto dei diritti d'autore. La pirateria e l'uso non autorizzato delle opere sono pratiche dannose che danneggiano gli autori e l'intera industria editoriale. Promuovere una cultura del rispetto dei diritti d'autore può contribuire a proteggere gli interessi degli autori e a garantire un ambiente equo e sostenibile per la creazione e la diffusione delle opere letterarie.

In questo modo, gestire e proteggere i diritti d'autore diventa un elemento cruciale per gli autori che desiderano prosperare nel mondo dell'editoria, garantendo il riconoscimento e il risarcimento che meritano per il loro lavoro creativo.

3. Tariffe di Royalties: Definizione e Ottimizzazione dei Guadagni

Le tariffe di royalties rappresentano una componente fondamentale del processo di pubblicazione e vendita di un libro su Amazon KDP e altre piattaforme. In termini semplici, le royalties sono la percentuale di guadagno che un autore riceve per ogni copia del suo libro venduta. Tuttavia, la definizione e l'ottimizzazione di queste tariffe possono essere complesse e influenzare significativamente i guadagni complessivi dell'autore.

Per prima cosa, è essenziale comprendere le diverse opzioni di royalty offerte da Amazon KDP e scegliere quella più adatta alle proprie esigenze e obiettivi finanziari. Amazon offre due opzioni principali: la royalty al 35% e la royalty al 70%. La royalty al 35% è disponibile per i libri con un prezzo compreso tra $0.99 e $2.98, mentre la royalty al 70% è disponibile per i libri con un prezzo compreso tra $2.99 e $9.99. Tuttavia, è importante considerare attentamente i fattori che influenzano la scelta della tariffa di royalty, come il prezzo del libro, la concorrenza sul mercato e le proprie aspettative di vendita.

Oltre alla scelta della tariffa di royalty, è fondamentale ottimizzare i guadagni massimizzando il prezzo di vendita del libro. Trovare il giusto equilibrio tra un prezzo accessibile per i lettori e un prezzo che massimizzi i guadagni può essere una sfida. È importante considerare fattori come il posizionamento sul mercato, la percezione del valore da parte dei lettori e la strategia di marketing complessiva. Inoltre, è possibile sfruttare le promozioni e gli sconti offerti da Amazon per aumentare le vendite e i guadagni complessivi.

Una volta stabilita la tariffa di royalty e il prezzo di vendita ottimale, è cruciale monitorare costantemente le prestazioni del libro e apportare eventuali aggiustamenti in base ai dati e ai feedback ricevuti. Amazon KDP offre strumenti di reporting e analisi che consentono agli autori di monitorare le vendite, le royalties generate e altre metriche importanti. Utilizzare questi dati per valutare l'efficacia delle strategie di pricing e apportare eventuali modifiche può aiutare gli autori a massimizzare i loro guadagni nel lungo periodo.

In conclusione, la definizione e l'ottimizzazione delle tariffe di royalties sono cruciali per massimizzare i guadagni derivanti dalla pubblicazione di un libro su Amazon KDP. Comprendere le opzioni disponibili, ottimizzare il prezzo di vendita e monitorare costantemente le prestazioni del libro sono passaggi fondamentali per garantire il successo finanziario dell'autore.

4. Controllo dei Diritti d'Autore: Normative e Procedure da Seguire

Il controllo dei diritti d'autore è una fase critica nella pubblicazione di un libro su piattaforme come Amazon KDP, poiché garantisce che l'autore abbia il pieno controllo sui propri contenuti e sia in grado di proteggerli da un uso non autorizzato. Questo processo coinvolge normative specifiche e procedure da seguire per assicurare la corretta gestione dei diritti e la tutela degli interessi dell'autore.

Innanzitutto, è importante comprendere le normative relative ai diritti d'autore nel paese in cui si intende pubblicare il libro. Le leggi sul copyright variano da paese a paese e definiscono i diritti e le responsabilità dell'autore rispetto alla protezione dei propri contenuti. Ad esempio, negli Stati Uniti, i diritti d'autore sono automaticamente garantiti non appena un'opera è creata e fissata in un supporto tangibile, come un manoscritto o un file digitale. Tuttavia, è consigliabile registrare i diritti d'autore presso l'Ufficio del Copyright degli Stati Uniti per ottenere una protezione legale più solida in caso di controversie.

Una volta comprese le normative di base, è essenziale seguire le procedure corrette per il controllo dei diritti d'autore durante il processo di pubblicazione del libro su Amazon KDP. Questo include la dichiarazione esplicita dei diritti d'autore dell'autore durante la fase di caricamento del libro sulla piattaforma. Amazon KDP offre opzioni specifiche per indicare i diritti d'autore dell'autore e stabilire le condizioni di utilizzo dei contenuti da parte dei lettori.

Inoltre, è consigliabile considerare l'opzione di aggiungere un avviso di copyright alla pagina di copyright del libro. Questo avviso fornisce informazioni chiare sull'anno di pubblicazione, il nome dell'autore e i diritti riservati, contribuendo a dissuadere un uso non autorizzato dei contenuti.

Infine, è importante essere proattivi nella protezione dei propri diritti d'autore monitorando costantemente l'uso dei propri contenuti online e agendo prontamente in caso di violazioni. Amazon KDP fornisce strumenti e procedure per segnalare violazioni dei diritti d'autore e richiedere interventi appropriati per proteggere gli interessi dell'autore.

In sintesi, il controllo dei diritti d'autore richiede la comprensione delle normative pertinenti, l'adozione di procedure appropriate durante il processo di pubblicazione e un monitoraggio attento per proteggere gli interessi dell'autore. Seguendo queste normative e procedure, gli autori possono garantire la massima protezione dei propri contenuti e massimizzare i loro guadagni su piattaforme come Amazon KDP.

5. Impostazioni di Prezzo dinamiche: Adattarsi al Mercato e alle Tendenze

Le impostazioni di prezzo dinamiche rappresentano una strategia fondamentale per gli autori che desiderano massimizzare le vendite e adattarsi alle mutevoli condizioni di mercato e alle tendenze del settore. Questo approccio consente agli autori di regolare il prezzo del loro libro in base a una serie di fattori, tra cui la domanda del mercato, la concorrenza, e le strategie di marketing adottate.

Una delle principali considerazioni nella gestione delle impostazioni di prezzo dinamiche è la comprensione del comportamento dei consumatori e delle loro preferenze di acquisto. Monitorare attentamente i pattern di vendita e l'andamento dei prezzi dei libri simili può fornire preziose informazioni sul posizionamento competitivo del proprio libro sul mercato e sulla sua capacità di attrarre i lettori. Ad esempio, se si nota una crescente domanda per un determinato genere o argomento, potrebbe essere opportuno aumentare leggermente il prezzo del proprio libro per capitalizzare su tale tendenza.

Inoltre, è essenziale valutare attentamente la concorrenza e l'offerta di libri simili sul mercato. Se ci si trova in una situazione in cui molti altri autori offrono libri simili a prezzi competitivi, potrebbe essere necessario ridurre il prezzo del proprio libro per mantenere la competitività e stimolare le vendite. D'altra parte, se il proprio libro ha caratteristiche uniche o un pubblico di nicchia, potrebbe essere possibile mantenere un prezzo più elevato senza compromettere le vendite.

Un'altra considerazione importante è l'effetto delle promozioni e degli sconti sul comportamento d'acquisto dei consumatori. Offrire temporaneamente sconti o promozioni speciali può essere un modo efficace per generare interesse e aumentare le vendite, specialmente durante periodi di alta stagione o in concomitanza con eventi specifici. Tuttavia, è importante pianificare con cura tali promozioni per evitare di danneggiare la percezione del valore del proprio libro a lungo termine.

Infine, è consigliabile utilizzare strumenti analitici e dati di vendita per valutare l'impatto delle diverse strategie di prezzo e apportare eventuali aggiustamenti in base alle prestazioni del libro sul mercato. Monitorare costantemente le metriche chiave come il tasso di conversione, il margine di profitto e il fatturato totale può fornire preziose indicazioni su come ottimizzare ulteriormente le impostazioni di prezzo per massimizzare i profitti e raggiungere gli obiettivi di vendita.

XII. Distribuzione Globale e Opzioni di Espansione

1. Opzioni di Distribuzione Globale: Analisi delle Piattaforme Internazionali

Nel mondo sempre più connesso del mercato editoriale contemporaneo, l'opzione di distribuzione globale è diventata una strategia cruciale per gli autori che cercano di massimizzare la visibilità e le vendite dei propri libri. Questa sezione si propone di esplorare a fondo le varie piattaforme internazionali disponibili per la distribuzione dei libri, offrendo un'analisi dettagliata delle loro caratteristiche, vantaggi e svantaggi.

Una delle prime considerazioni per gli autori che cercano di espandere la loro portata globale è la scelta delle piattaforme di distribuzione. Ci sono diverse opzioni tra cui scegliere, ognuna con le proprie peculiarità e opportunità. Amazon KDP rimane una delle scelte più popolari e accessibili per gli autori indipendenti, offrendo una vasta copertura globale e strumenti di pubblicazione intuitivi. Tuttavia, esistono anche altre piattaforme emergenti e specializzate che meritano attenzione, come Smashwords, Draft2Digital e Kobo Writing Life, ciascuna con la propria rete di partner e possibilità di distribuzione.

Oltre alle piattaforme di auto-pubblicazione, gli autori possono esplorare le opzioni offerte dalle case editrici tradizionali e dalle agenzie di distribuzione internazionale. Queste entità possono offrire un accesso privilegiato a mercati specifici e risorse di marketing dedicate, sebbene possano richiedere un processo di selezione più rigoroso e una percentuale delle entrate.

Un'altra considerazione chiave nella scelta delle piattaforme di distribuzione è la geografia dei mercati target dell'autore. Alcune piattaforme possono avere una presenza più forte in determinate regioni del mondo, mentre altre potrebbero avere una portata più globale. È importante valutare attentamente la presenza e l'efficacia delle piattaforme nei mercati desiderati per garantire una distribuzione ottimale.

Inoltre, gli autori dovrebbero considerare le politiche e i requisiti specifici delle piattaforme in termini di formattazione, prezzi, royalty e termini contrattuali. La comprensione di queste considerazioni pratiche è essenziale per massimizzare i benefici della distribuzione globale e evitare eventuali complicazioni lungo il percorso.

In conclusione, la distribuzione globale offre agli autori l'opportunità di raggiungere un pubblico più ampio e diversificato. Tuttavia, è importante esaminare attentamente le opzioni disponibili e pianificare una strategia di distribuzione che si allinei agli obiettivi e alle esigenze specifiche dell'autore. Questo capitolo si propone di fornire una guida completa per aiutare gli autori a navigare nel complesso panorama della distribuzione globale, esaminando le varie piattaforme e offrendo consigli pratici per massimizzare il successo.

2. Strategie di Espansione dei Mercati Esterni: Approcci e Considerazioni

Quando si intraprende l'ambiziosa strategia di espansione verso mercati esterni, è essenziale adottare approcci mirati e considerare una serie di fattori cruciali per il successo. Questo paragrafo si propone di esplorare le diverse strategie disponibili per gli autori che desiderano penetrare nuovi mercati, offrendo una panoramica dettagliata delle migliori pratiche e delle considerazioni chiave da tenere presenti.

Una delle prime considerazioni nell'espansione verso i mercati esterni è la comprensione delle dinamiche culturali, linguistiche e commerciali dei paesi di destinazione. Ogni mercato ha le proprie peculiarità e preferenze dei consumatori, e adattare il proprio approccio di marketing e distribuzione a queste specificità è fondamentale per il successo. Ciò potrebbe includere la traduzione del libro in altre lingue, l'adattamento delle copertine e dei titoli per rispecchiare sensibilità culturali diverse e la personalizzazione delle strategie di promozione per raggiungere il pubblico locale in modo efficace.

Inoltre, è importante valutare attentamente l'infrastruttura logistica e di distribuzione dei paesi di destinazione. La disponibilità di servizi di spedizione affidabili, la gestione delle tasse e delle tariffe doganali e le politiche di restituzione possono influenzare notevolmente l'esperienza del cliente e la redditività complessiva delle operazioni internazionali. Gli autori devono essere preparati a affrontare queste sfide logistiche e ad adottare soluzioni creative per garantire una distribuzione efficiente e senza intoppi dei loro libri.

Inoltre, è importante considerare il contesto competitivo nei mercati esterni e identificare le opportunità uniche per differenziarsi e distinguersi dalla concorrenza locale e globale. Questo potrebbe includere la collaborazione con influencer locali, la partecipazione a eventi letterari internazionali e la creazione di partnership strategiche con editori e distributori locali. L'approccio migliore dipenderà dalle caratteristiche specifiche del mercato di destinazione e dalle risorse disponibili per gli autori.

Infine, gli autori devono essere preparati a impegnarsi a lungo termine nel mercato estero prescelto e ad adattare costantemente le proprie strategie in base ai feedback del mercato e all'evoluzione delle tendenze. L'espansione internazionale è un processo complesso e dinamico che richiede pazienza, flessibilità e un impegno costante per mantenere una presenza rilevante e competitiva sui mercati globali.

In conclusione, le strategie di espansione dei mercati esterni offrono agli autori opportunità significative per ampliare la loro portata e aumentare le vendite dei loro libri. Tuttavia, è essenziale adottare approcci mirati e considerare attentamente una serie di fattori chiave per massimizzare il successo in questo ambito. Questo paragrafo si propone di fornire una guida completa per gli autori che desiderano intraprendere questo viaggio entusiasmante, offrendo consigli pratici e strategie efficaci per raggiungere il successo sui mercati globali.

3. Adattamento del Contenuto per il Pubblico Internazionale: Linee Guida Pratiche

L'adattamento del contenuto per il pubblico internazionale richiede una comprensione approfondita delle differenze culturali, linguistiche e sociali che possono influenzare la percezione e l'accettazione del materiale da parte dei lettori di diverse regioni del mondo. In questo paragrafo, esploreremo le linee guida pratiche per adattare il contenuto del libro in modo da risuonare efficacemente con il pubblico internazionale, consentendo agli autori di massimizzare l'attrattiva e l'engagement dei lettori in tutto il mondo.

Una delle prime considerazioni nell'adattare il contenuto per il pubblico internazionale è la traduzione accurata e sensibile del testo in altre lingue. Oltre a garantire la precisione e la coerenza nella traduzione del testo, è fondamentale che gli autori lavorino con traduttori esperti e qualificati che possano catturare pienamente lo stile, il tono e il significato del materiale originale. Ciò può richiedere la collaborazione con traduttori madrelingua e la revisione attenta del testo tradotto per garantire che mantenga l'integrità artistica e concettuale dell'opera originale.

Inoltre, è importante considerare le differenze culturali nei riferimenti, nelle metafore e nei contesti storici presenti nel testo originale. Ciò potrebbe richiedere la modifica o l'aggiornamento di determinati passaggi per renderli più comprensibili o rilevanti per il pubblico internazionale. Ad esempio, le espressioni idiomatiche o i riferimenti culturali specifici a una determinata regione potrebbero non avere lo stesso significato o impatto in altre culture, e quindi potrebbero essere necessarie modifiche per garantire che il messaggio del libro sia compreso e apprezzato a livello globale.

Inoltre, gli autori dovrebbero considerare l'adattamento del design e della formattazione del libro per rispettare le preferenze e le convenzioni editoriali dei diversi mercati internazionali. Questo potrebbe includere la modifica della disposizione del testo, dei caratteri e dei colori della copertina per rispecchiare le tendenze di design locali e per massimizzare l'attrattiva visiva del libro per il pubblico di destinazione. L'obiettivo è creare un'esperienza di lettura ottimale che si senta familiare e accattivante per i lettori di tutto il mondo, indipendentemente dalla loro provenienza culturale o linguistica.

Infine, è importante condurre ricerche di mercato approfondite e ottenere feedback da lettori internazionali per valutare l'efficacia dell'adattamento del contenuto e apportare eventuali aggiustamenti necessari. L'iterazione e il miglioramento continuo sono fondamentali per assicurare che il libro risuoni con il pubblico internazionale e massimizzare il suo successo su scala globale.

In conclusione, l'adattamento del contenuto per il pubblico internazionale è un processo complesso ma essenziale per il successo delle operazioni di distribuzione globale. Seguendo queste linee guida pratiche, gli autori possono creare libri che si connettono in modo autentico e significativo con i lettori di tutto il mondo, ampliando così la loro portata e il loro impatto su scala globale.

4. Negoziazione dei Diritti di Distribuzione: Consigli e Suggerimenti

La negoziazione dei diritti di distribuzione è un passaggio cruciale nel processo di espansione globale del proprio libro. In questo paragrafo, esploreremo una serie di consigli e suggerimenti pratici per affrontare questo processo in modo efficace, consentendo agli autori di massimizzare le opportunità di distribuzione e di raggiungere nuovi mercati con successo.

Prima di intraprendere qualsiasi negoziazione, è essenziale condurre una ricerca approfondita sulle diverse opzioni di distribuzione disponibili e identificare le piattaforme o gli editori potenziali che potrebbero essere interessati al proprio libro. Questo può includere l'analisi delle prestazioni di libri simili nel mercato di destinazione, la valutazione delle politiche e delle condizioni offerte da diversi distributori e l'identificazione delle tendenze di consumo dei lettori nel mercato internazionale.

Una volta identificate le potenziali opportunità di distribuzione, è importante preparare un pacchetto di presentazione completo e professionale che includa una descrizione dettagliata del libro, dati sulle vendite e le recensioni, nonché informazioni sui diritti di pubblicazione e sui termini desiderati. Presentare il proprio libro in modo chiaro e convincente può aumentare le probabilità di suscitare l'interesse dei potenziali distributori e facilitare il processo di negoziazione.

Durante le trattative, è fondamentale essere preparati a discutere e negoziare una serie di aspetti, tra cui i diritti territoriali, i termini di pagamento, le royalty e le clausole di esclusività. Mantenere un atteggiamento flessibile e aperto al dialogo può aiutare a trovare soluzioni vantaggiose per entrambe le parti e a stabilire relazioni di collaborazione durature con i distributori.

Inoltre, è consigliabile consultare un avvocato specializzato in diritto d'autore o un agente letterario prima di firmare qualsiasi accordo di distribuzione per garantire che i propri interessi siano adeguatamente protetti e che i termini dell'accordo siano equi e trasparenti.

Infine, una volta conclusa la negoziazione e firmato l'accordo di distribuzione, è importante monitorare attentamente l'andamento delle vendite e le prestazioni del libro nei diversi mercati internazionali. Mantenere una comunicazione aperta con il distributore e adattare la strategia di distribuzione in base ai feedback dei lettori e alle tendenze di mercato può contribuire a ottimizzare le opportunità di vendita e a massimizzare il successo del proprio libro su scala globale.

In conclusione, la negoziazione dei diritti di distribuzione è un processo complesso ma fondamentale per espandere la portata e l'impatto del proprio libro a livello globale. Seguendo questi consigli e suggerimenti pratici, gli autori possono affrontare questo processo in modo efficace e massimizzare le opportunità di distribuzione e di successo su scala internazionale.

5. Sfruttare le Opportunità del Mercato Globale: Tattiche Vincenti

Sfruttare appieno le opportunità offerte dal mercato globale richiede l'adozione di tattiche vincenti che tengano conto delle sfide e delle dinamiche specifiche di ciascun mercato. In questo paragrafo, esploreremo una serie di strategie pratiche e consigli utili per massimizzare il successo della distribuzione internazionale del proprio libro.

Prima di tutto, è essenziale condurre una ricerca di mercato approfondita per identificare le tendenze di consumo, le preferenze dei lettori e le opportunità di nicchia nei diversi mercati globali. Questo può includere l'analisi delle tendenze di ricerca online, l'esplorazione dei canali di distribuzione locali e la valutazione della concorrenza nel settore librario internazionale.

Una volta identificate le opportunità di mercato più promettenti, è importante adattare la propria strategia di marketing e di promozione per rispondere alle esigenze e alle preferenze specifiche dei lettori internazionali. Questo potrebbe implicare la traduzione del libro in diverse lingue, l'adattamento delle copertine e delle descrizioni per rispecchiare la cultura locale e l'implementazione di campagne pubblicitarie mirate sui social media e su altre piattaforme online.

Inoltre, è consigliabile collaborare con partner locali, come librerie indipendenti, influencer e blog letterari, per aumentare la visibilità del proprio libro e raggiungere un pubblico più ampio. La creazione di alleanze strategiche con operatori del settore librario e altri professionisti del mondo editoriale può aiutare a generare buzz intorno al proprio libro e a stimolare le vendite su scala internazionale.

Un altro elemento chiave per il successo nella distribuzione internazionale è la gestione efficace della logistica e della distribuzione. Assicurarsi di avere un sistema logistico robusto e affidabile può aiutare a garantire che i libri raggiungano i lettori in modo tempestivo e sicuro, riducendo al minimo i ritardi e i problemi di consegna.

Infine, è importante mantenere un atteggiamento flessibile e adattabile e essere pronti a modificare la propria strategia in base ai feedback del mercato e all'evoluzione delle tendenze. Monitorare costantemente le prestazioni del libro e apportare eventuali aggiornamenti e miglioramenti può aiutare a massimizzare le opportunità di successo e a garantire una distribuzione internazionale efficace e redditizia.

In conclusione, sfruttare appieno le opportunità del mercato globale richiede un approccio strategico e mirato che tenga conto delle sfide e delle opportunità specifiche di ciascun mercato. Seguendo questi consigli e adottando tattiche vincenti, gli autori possono massimizzare il successo della distribuzione internazionale del proprio libro e raggiungere un pubblico globale di lettori entusiasti.

6. Affrontare le Sfide della Distribuzione Internazionale: Soluzioni Pratiche

Affrontare le sfide della distribuzione internazionale richiede un approccio strategico e la capacità di risolvere problemi in modo rapido ed efficace. In questo paragrafo, esploreremo una serie di soluzioni pratiche per superare le sfide più comuni incontrate durante il processo di espansione globale della distribuzione dei libri.

Una delle principali sfide della distribuzione internazionale è rappresentata dalle barriere linguistiche e culturali. Per superare questo ostacolo, è fondamentale investire nella traduzione professionale dei propri libri nelle lingue dei mercati di destinazione. Collaborare con traduttori esperti e affidabili può garantire una traduzione accurata e di alta qualità che rispetti le sfumature linguistiche e culturali di ciascun paese.

Un'altra sfida comune è rappresentata dalle differenze normative e legali tra i vari paesi. È importante familiarizzarsi con le leggi e i regolamenti locali relativi alla distribuzione dei libri, compresi i requisiti fiscali e doganali, e assicurarsi di essere conformi a tutte le normative vigenti nei paesi in cui si desidera distribuire i propri libri.

La logistica può costituire un ulteriore ostacolo alla distribuzione internazionale, con ritardi e costi di spedizione elevati che possono compromettere la redditività del processo. Per affrontare questa sfida, è consigliabile lavorare con partner logistici affidabili che offrano servizi di spedizione internazionale efficienti e convenienti. Inoltre, l'ottimizzazione dei processi logistici e la ricerca di soluzioni innovative per ridurre i tempi di consegna e i costi di spedizione possono contribuire a migliorare l'efficienza complessiva della distribuzione internazionale.

Le sfide legate alla gestione delle relazioni con i partner internazionali e alla comunicazione interculturale possono anche influenzare il successo della distribuzione globale dei libri. È importante stabilire rapporti solidi e collaborativi con distributori, librerie e altri attori del settore in ogni paese di destinazione e adottare un approccio sensibile alle differenze culturali nella comunicazione e nelle relazioni commerciali.

Infine, la concorrenza globale rappresenta un'altra sfida significativa per gli autori che cercano di espandere la propria presenza internazionale. Per distinguersi sulla scena internazionale, è essenziale sviluppare una strategia di marketing e promozione efficace che metta in evidenza i punti di forza unici del proprio libro e si rivolga alle esigenze e ai desideri specifici dei lettori internazionali.

Affrontare con successo le sfide della distribuzione internazionale richiede pazienza, flessibilità e una mentalità aperta al cambiamento. Adottando soluzioni pratiche e strategie mirate, gli autori possono superare gli ostacoli e massimizzare il successo della distribuzione globale dei propri libri, raggiungendo un pubblico internazionale di lettori entusiasti.

XIII. Strategie di Pricing per Massimizzare i Ricavi

1. Analisi dei Dati di Mercato: Fondamenta per una Strategia di Pricing Efficace

L'analisi dei dati di mercato costituisce il fondamento imprescindibile su cui si basa ogni strategia di pricing efficace nel settore dell'editoria. Attraverso un approccio metodico e mirato alla raccolta, all'elaborazione e all'interpretazione dei dati, gli editori possono acquisire una comprensione approfondita del contesto in cui operano, permettendo loro di prendere decisioni informate e ottimizzare i prezzi dei loro libri.

La prima fase di questa analisi consiste nella raccolta dei dati di mercato pertinenti. Ciò può includere informazioni sui prezzi dei libri simili nel mercato, le tendenze di vendita passate e presenti, i comportamenti dei consumatori, nonché dati demografici e geografici. La raccolta accurata di questi dati è cruciale per ottenere una panoramica completa del panorama editoriale e dei suoi attori principali.

Una volta raccolti i dati, è necessario procedere con la loro elaborazione e analisi. Questa fase coinvolge l'uso di strumenti e tecniche statistici per identificare modelli, trend e correlazioni significative nei dati. Ad esempio, l'analisi delle serie storiche può rivelare stagionalità nelle vendite, mentre l'analisi delle clusterizzazione può identificare segmenti di clientela con comportamenti di acquisto simili.

Tuttavia, l'analisi dei dati di mercato va oltre la mera manipolazione dei numeri. È importante anche interpretare i risultati in un contesto più ampio, tenendo conto di fattori esterni come le condizioni economiche, le tendenze culturali e gli eventi globali che possono influenzare il mercato librario.

Infine, sulla base delle informazioni e delle intuizioni ottenute dall'analisi dei dati, gli editori possono sviluppare e implementare una strategia di pricing mirata. Questa strategia dovrebbe tener conto di obiettivi specifici come la massimizzazione dei ricavi, l'acquisizione di quote di mercato o la fidelizzazione dei clienti, e dovrebbe essere flessibile abbastanza da adattarsi alle mutevoli condizioni del mercato nel tempo.

In sintesi, l'analisi dei dati di mercato fornisce alle case editrici una base solida su cui costruire una strategia di pricing efficace. Attraverso la raccolta, l'elaborazione e l'interpretazione dei dati, gli editori possono ottenere una comprensione approfondita del mercato e dei suoi attori, consentendo loro di prendere decisioni informate e di massimizzare i risultati economici.

2. Dynamic Pricing: Adattare i Prezzi alle Fluttuazioni del Mercato

La pratica del dynamic pricing, o pricing dinamico, rappresenta un'importante strategia adottata nel settore dell'editoria per adattare i prezzi dei libri alle fluttuazioni del mercato in tempo reale. Questo approccio si basa sull'utilizzo di algoritmi e software avanzati che monitorano costantemente le condizioni del mercato e regolano automaticamente i prezzi dei libri in risposta a cambiamenti nelle domande, nell'offerta e in altri fattori influenti.

Una delle principali vantaggi del dynamic pricing è la sua capacità di ottimizzare i ricavi massimizzando il margine di profitto su ciascuna unità venduta. Ad esempio, quando la domanda di un determinato libro è alta, il sistema può aumentare il prezzo per capitalizzare su questa richiesta elevata. Al contrario, quando la domanda diminuisce, il prezzo può essere ridotto per stimolare le vendite e ridurre il rischio di invenduto.

Tuttavia, implementare con successo il dynamic pricing richiede una solida comprensione delle dinamiche di mercato e un'attenta pianificazione strategica. Gli editori devono essere in grado di identificare i segmenti di mercato chiave, monitorare attentamente i movimenti dei concorrenti e reagire prontamente alle variazioni delle condizioni del mercato. Inoltre, è importante bilanciare la massimizzazione dei ricavi con la percezione del valore da parte dei clienti, evitando aumenti di prezzo eccessivi che potrebbero danneggiare la reputazione del marchio.

Un altro aspetto cruciale del dynamic pricing è la sua capacità di adattarsi rapidamente alle tendenze e agli eventi del mercato. Ad esempio, durante periodi di alta visibilità mediatica o di interesse pubblico intorno a un determinato argomento, il sistema può modificare i prezzi per capitalizzare su questa crescente domanda. Allo stesso modo, durante eventi promozionali o periodi di vendite, i prezzi possono essere temporaneamente abbassati per stimolare l'acquisto.

Inoltre, il dynamic pricing può essere utilizzato in combinazione con altre strategie di pricing, come lo sconto progressivo o la segmentazione del mercato, per massimizzare l'efficacia complessiva della strategia di pricing. Ad esempio, un libro potrebbe essere inizialmente lanciato a un prezzo più elevato per sfruttare la domanda iniziale, prima di essere gradualmente ridotto nel tempo per raggiungere una più ampia base di clienti.

In conclusione, il dynamic pricing rappresenta una potente strategia per adattare i prezzi dei libri alle fluttuazioni del mercato e massimizzare i ricavi. Tuttavia, per implementarlo con successo, gli editori devono avere una solida comprensione delle dinamiche di mercato, una pianificazione strategica attenta e la capacità di reagire prontamente alle variazioni delle condizioni del mercato.

3. Pricing Discrimination: Ottimizzare le Offerte per Diversi Segmenti di Clientela

Il pricing discrimination, o discriminazione dei prezzi, è una pratica comune nell'industria editoriale che mira a ottimizzare le offerte per diversi segmenti di clientela in modo da massimizzare i ricavi complessivi. Questa strategia si basa sull'idea che diversi clienti hanno diverse disposizioni a pagare per un determinato prodotto, e quindi i prezzi possono essere differenziati in base a fattori come la disponibilità finanziaria, la sensibilità al prezzo e il valore percepito del prodotto.

Esistono diverse forme di pricing discrimination, tra cui la discriminazione di primo grado, di secondo grado e di terzo grado. La discriminazione di primo grado implica la determinazione di un prezzo specifico per ciascun cliente, in base alla sua disponibilità finanziaria e alla sua disposizione a pagare. Questo tipo di pricing discrimination è spesso difficile da implementare nell'ambito dell'editoria a causa della complessità nell'identificare le caratteristiche specifiche di ciascun cliente e nell'adattare i prezzi di conseguenza.

La discriminazione di secondo grado coinvolge l'offerta di prezzi differenziati in base alla quantità o alla qualità del prodotto acquistato. Ad esempio, alcuni editori offrono sconti per l'acquisto di più copie di un libro o includono extra, come copie autografate o contenuti bonus, per i clienti che acquistano edizioni speciali o premium.

La discriminazione di terzo grado, invece, si basa sulla suddivisione dei clienti in gruppi distinti e sull'offerta di prezzi differenziati per ciascun gruppo. Questo può essere fatto in base a vari fattori demografici, comportamentali o geografici. Ad esempio, un editore potrebbe offrire prezzi più bassi per i libri digitali ai clienti che vivono in determinate regioni o paesi, tenendo conto delle differenze di potere d'acquisto e delle condizioni di mercato locali.

L'obiettivo principale del pricing discrimination è quello di massimizzare i ricavi complessivi sfruttando al massimo la domanda dei diversi segmenti di clientela. Tuttavia, è importante bilanciare questa strategia con considerazioni etiche ed equità, evitando discriminazioni ingiuste o pratiche anti-competitive che potrebbero danneggiare la reputazione del marchio e la fiducia dei clienti.

Inoltre, è fondamentale valutare attentamente l'efficacia del pricing discrimination nel contesto specifico dell'editoria e assicurarsi che le offerte differenziate siano sostenibili e vantaggiose per entrambe le parti. Ciò richiede un'analisi approfondita dei dati di mercato, una comprensione dettagliata dei comportamenti e delle preferenze dei clienti e una pianificazione strategica attenta per garantire il successo a lungo termine delle iniziative di pricing.

4. Bundling Strategico: Massimizzare il Valore per il Cliente e i Ricavi

Il bundling strategico rappresenta una tattica efficace per massimizzare il valore per il cliente e i ricavi complessivi. Questa strategia consiste nel raggruppare due o più prodotti correlati o complementari e offrirli insieme come un unico pacchetto ad un prezzo conveniente. L'obiettivo principale del bundling è quello di creare un'offerta che sia più attraente per i clienti rispetto all'acquisto separato dei singoli prodotti, incoraggiando così l'incremento delle vendite e la fidelizzazione della clientela.

Ci sono diversi approcci al bundling strategico che possono essere adottati nell'ambito dell'editoria. Uno di questi è il bundling tra prodotti complementari, dove vengono combinati libri o contenuti simili o correlati che si integrano a vicenda. Ad esempio, un editore potrebbe offrire un pacchetto che include un libro stampato insieme alla sua versione digitale, o una guida pratica correlata a un romanzo di narrativa storica. Questo tipo di bundling può aumentare il valore percepito dall'acquirente, offrendo più opzioni di consumo e massimizzando l'esperienza complessiva del cliente.

Un altro approccio è il bundling tra prodotti diversificati, dove vengono combinati libri o contenuti appartenenti a generi o categorie differenti. Ad esempio, un editore potrebbe offrire un pacchetto che include un romanzo giallo insieme a una guida di cucina, sfruttando la diversità degli interessi dei clienti e offrendo loro una gamma più ampia di contenuti da esplorare. Questo tipo di bundling può essere particolarmente efficace nel raggiungere nuovi segmenti di mercato e ampliare la base di clientela dell'editore.

È importante pianificare attentamente il bundling strategico, tenendo conto delle preferenze dei clienti, delle tendenze di mercato e degli obiettivi di vendita dell'editore. Questo può includere l'analisi dei dati di vendita per identificare i prodotti più venduti e complementari, la valutazione delle dinamiche di prezzo e la definizione di offerte attraenti e competitive. Inoltre, è essenziale comunicare chiaramente il valore aggiunto del bundling ai clienti attraverso una efficace strategia di marketing e di promozione.

Implementare con successo il bundling strategico richiede una pianificazione oculata e una gestione attenta delle operazioni. Tuttavia, quando eseguito correttamente, può portare a vantaggi significativi per l'editore, tra cui l'aumento delle entrate, la fidelizzazione dei clienti e il potenziamento della reputazione del marchio. In definitiva, il bundling rappresenta uno strumento potente per massimizzare il valore per il cliente e i ricavi nell'ambito dell'editoria.

5. Strategie di Prezzo Promozionale: Sfruttare le Opportunità di Vendita Temporanea

Le strategie di prezzo promozionale rappresentano un'importante leva per gli autori e gli editori al fine di sfruttare le opportunità di vendita temporanea e generare un aumento delle entrate. Queste strategie implicano la temporanea riduzione dei prezzi dei libri o l'offerta di sconti speciali per stimolare l'interesse dei clienti e aumentare le vendite. Esistono diverse modalità per implementare le strategie di prezzo promozionale, ciascuna delle quali può essere adattata alle esigenze specifiche dell'autore o dell'editore e alle caratteristiche del mercato.

Una delle strategie di prezzo promozionale più comuni è l'offerta di sconti temporanei sui prezzi dei libri. Questo può avvenire attraverso la riduzione percentuale del prezzo di copertina o l'offerta di prezzi scontati per un periodo limitato di tempo. Ad esempio, un autore potrebbe decidere di offrire il suo libro con uno sconto del 50% per una settimana per celebrare una ricorrenza speciale o per promuovere il lancio di un nuovo titolo. Questo tipo di promozione può generare un picco di interesse da parte dei lettori e aumentare le vendite durante il periodo promozionale.

Un'altra strategia di prezzo promozionale è l'offerta di prezzi speciali per eventi o occasioni specifiche. Questo potrebbe includere sconti legati a festività come Natale, Capodanno o Halloween, o eventi culturali come la Giornata Mondiale del Libro. Ad esempio, un editore potrebbe decidere di offrire sconti del 30% su una selezione di libri per la Giornata Mondiale del Libro per incentivare gli acquisti e promuovere la lettura. Questo tipo di promozione può essere particolarmente efficace nel generare un aumento delle vendite in periodi di alta domanda.

Le promozioni a tempo limitato sono un'altra forma di strategia di prezzo promozionale che può essere utilizzata per stimolare le vendite. Questo può includere offerte come "Offerta lampo", "Offerta del giorno" o "Offerta speciale", dove i libri sono scontati solo per un breve periodo di tempo, solitamente da alcune ore a pochi giorni. Questo tipo di promozione crea un senso di urgenza tra i clienti, incoraggiandoli ad agire rapidamente per approfittare dell'offerta prima che scada. Le promozioni a tempo limitato possono generare un picco di vendite e aumentare l'attenzione sui libri promossi.

Inoltre, le strategie di prezzo promozionale possono includere l'offerta di bundling, dove i libri sono combinati insieme e offerti ad un prezzo scontato rispetto all'acquisto separato dei singoli titoli. Questo può aumentare il valore percepito dall'acquirente e incentivare l'acquisto di più libri in una singola transazione. Ad esempio, un autore potrebbe offrire un pacchetto che include il primo e il secondo libro di una serie ad un prezzo scontato per incoraggiare i lettori a continuare la serie.

Infine, le strategie di prezzo promozionale possono essere supportate da una efficace strategia di marketing e promozione, che includa la pubblicizzazione delle offerte attraverso social media, newsletter, annunci pubblicitari e altri canali di comunicazione. Comunicare chiaramente il valore dell'offerta e creare un senso di urgenza tra i clienti può aumentare l'efficacia delle strategie di prezzo promozionale e massimizzare i ricavi complessivi.

XIV. Utilizzo delle Promozioni e degli Sconti

1. Sconti Temporanei: Strategie per Generare Interesse

Nel mondo dell'editoria su piattaforme online come Amazon KDP, l'uso strategico dei sconti temporanei può essere un potente alleato per generare interesse intorno ai propri libri e stimolare le vendite. Questa tattica, se applicata con saggezza e pianificazione, può portare a risultati significativi in termini di visibilità e ricavi. Ma quali sono le strategie vincenti per sfruttare al meglio questa opportunità?

Innanzitutto, è essenziale comprendere il momento giusto per offrire uno sconto temporaneo. Un'analisi accurata del mercato e delle tendenze può fornire preziose indicazioni su quando è il momento ideale per lanciare una promozione. Ad esempio, è possibile pianificare uno sconto in concomitanza con eventi speciali come festività o ricorrenze culturali, quando la domanda di libri potrebbe aumentare.

Inoltre, è fondamentale stabilire l'entità dello sconto in modo da suscitare interesse senza compromettere eccessivamente i profitti. Uno sconto troppo modesto potrebbe non attrarre abbastanza attenzione, mentre uno sconto troppo elevato potrebbe ridurre il valore percepito del libro o danneggiare la redditività complessiva dell'autore. Trovare il giusto equilibrio richiede un'attenta valutazione delle proprie finanze e obiettivi di vendita.

Una strategia efficace è quella di combinare gli sconti temporanei con altre tattiche di marketing, come la pubblicità mirata o la promozione attraverso i social media. Questo può contribuire a massimizzare l'impatto della promozione e raggiungere un pubblico più ampio di potenziali acquirenti. Ad esempio, annunciare lo sconto temporaneo su piattaforme di social media popolari può generare buzz e coinvolgere i lettori che potrebbero non essere stati esposti al libro in precedenza.

Infine, è importante comunicare chiaramente e in modo accattivante l'offerta di sconto ai potenziali acquirenti. Utilizzare titoli accattivanti, descrizioni persuasive e immagini coinvolgenti può aumentare l'efficacia della promozione e incoraggiare i lettori a effettuare un acquisto. Inoltre, fornire una data di scadenza chiara per lo sconto può creare un senso di urgenza e spingere i lettori indecisi a prendere una decisione d'acquisto.

In definitiva, l'uso strategico dei sconti temporanei può essere un potente strumento per generare interesse e aumentare le vendite dei libri su piattaforme come Amazon KDP. Pianificazione, precisione e creatività sono fondamentali per massimizzare l'impatto di questa tattica e ottenere risultati positivi per gli autori.

2. Promozioni a Tempo Limitato: Creare Urgenza per Incrementare le Vendite

Le promozioni a tempo limitato rappresentano una strategia efficace per creare un senso di urgenza tra i potenziali acquirenti e spingere all'azione immediata. Questo tipo di promozioni offre un'opportunità unica per gli autori di generare un rapido aumento delle vendite e di stimolare l'interesse intorno al proprio libro. Tuttavia, per massimizzare l'efficacia di queste promozioni, è necessario pianificare attentamente e implementare una serie di strategie mirate.

In primo luogo, è fondamentale definire chiaramente la durata della promozione e comunicarla in modo trasparente ai lettori. Specificare una data di inizio e di fine precisa può contribuire a creare un senso di urgenza e incoraggiare i potenziali acquirenti a cogliere l'opportunità prima che scada il tempo. Questo può essere particolarmente efficace se la promozione è limitata a un breve periodo di tempo, come ad esempio una giornata o una settimana.

In secondo luogo, è importante creare un'offerta convincente che fornisca un vero valore aggiunto ai lettori. Ciò potrebbe includere sconti significativi sul prezzo di copertina, offerte speciali come bundle di libri o contenuti bonus esclusivi. L'obiettivo è quello di rendere l'offerta irresistibile e di fornire un incentivo tangibile all'acquisto durante il periodo promozionale.

Inoltre, è utile utilizzare una varietà di canali di marketing per promuovere la promozione e raggiungere un pubblico più ampio. Questo potrebbe includere l'invio di e-mail agli abbonati alla newsletter, la pubblicazione di annunci sui social media, la partecipazione a gruppi di lettura online o la collaborazione con influencer nel settore. Più ampio è il raggio di visibilità della promozione, maggiori sono le probabilità di catturare l'attenzione di potenziali acquirenti e di generare vendite aggiuntive.

Infine, è importante monitorare da vicino le prestazioni della promozione e apportare eventuali aggiustamenti in corso d'opera. Analizzare i dati relativi alle vendite, al traffico del sito web e all'engagement sui social media può fornire preziose informazioni su ciò che funziona e su ciò che può essere ottimizzato. In base a queste analisi, è possibile apportare modifiche alla strategia di marketing, come regolare l'importo dello sconto, aggiornare i messaggi promozionali o esplorare nuove opportunità di collaborazione.

In conclusione, le promozioni a tempo limitato sono un'importante strategia per incrementare le vendite e generare interesse intorno ai libri su piattaforme come Amazon KDP. Pianificare attentamente la durata, creare un'offerta convincente, utilizzare una varietà di canali di marketing e monitorare da vicino le prestazioni sono passaggi cruciali per massimizzare l'efficacia di queste promozioni e ottenere risultati positivi per gli autori.

3. Bundling Strategico: Offerte Combinate per Massimizzare il Valore

Il bundling strategico rappresenta una potente strategia di marketing che consente agli autori di massimizzare il valore per i lettori e aumentare le entrate complessive. Questo approccio coinvolge la creazione di offerte combinate che includono più prodotti o servizi correlati, offerti a un prezzo vantaggioso rispetto all'acquisto separato di ciascun elemento. Nel contesto della vendita di libri su piattaforme come Amazon KDP, il bundling può assumere diverse forme e può essere adattato alle esigenze specifiche dell'autore e del pubblico di riferimento.

Una delle strategie di bundling più comuni è quella di combinare più libri dello stesso autore o della stessa serie in un'unica offerta. Ad esempio, un autore potrebbe offrire un bundle che include il primo libro di una serie insieme ai suoi seguiti, fornendo così ai lettori un accesso conveniente all'intera saga a un prezzo scontato rispetto all'acquisto dei singoli volumi. Questo tipo di offerta può essere particolarmente attraente per i lettori che desiderano immergersi completamente in un mondo narrativo senza interruzioni.

Inoltre, il bundling strategico può coinvolgere la combinazione di libri di autori diversi all'interno dello stesso genere o tema. Ad esempio, un autore di fantascienza potrebbe collaborare con altri scrittori dello stesso genere per creare un bundle che include una selezione di romanzi, racconti brevi o antologie di storie. Questo tipo di offerta può ampliare l'attrattiva del bundle, offrendo ai lettori una varietà di contenuti correlati da esplorare e godere.

Al di là dei libri stessi, il bundling strategico può anche includere l'inclusione di contenuti extra o bonus esclusivi. Ad esempio, un'autrice di romanzi romantici potrebbe offrire un bundle che include non solo i suoi libri, ma anche accesso a contenuti speciali come capitoli extra, interviste con l'autore, o guide esclusive per i lettori. Questi extra possono aumentare ulteriormente il valore percepito del bundle e incoraggiare i lettori a effettuare un acquisto.

Infine, è importante considerare attentamente il prezzo del bundle e assicurarsi che offra un reale risparmio rispetto all'acquisto separato di ciascun elemento. Determinare un prezzo competitivo e conveniente può aumentare l'attrattiva del bundle e convincere i potenziali acquirenti a fare un investimento. Inoltre, è utile promuovere attivamente il bundle attraverso una varietà di canali di marketing per massimizzare la sua visibilità e raggiungere un pubblico più ampio.

In conclusione, il bundling strategico rappresenta un'efficace strategia di pricing e marketing per gli autori che desiderano massimizzare il valore per i lettori e aumentare le vendite dei propri libri su piattaforme come Amazon KDP. Creare offerte combinate che includono libri correlati, contenuti extra e bonus esclusivi può aiutare a generare interesse e coinvolgimento tra il pubblico, portando a risultati positivi per gli autori.

4. Coupon e Codici Sconto: Coinvolgere i Lettori con Offerte Personalizzate

I coupon e i codici sconto rappresentano strumenti potenti per coinvolgere i lettori e stimolare le vendite dei libri su piattaforme come Amazon KDP. Queste offerte personalizzate consentono agli autori di offrire sconti esclusivi e promozioni speciali ai propri lettori, creando un senso di gratificazione e incentivando l'acquisto.

Una strategia efficace per utilizzare i coupon e i codici sconto è quella di offrirli come incentivo per determinati comportamenti o azioni. Ad esempio, gli autori potrebbero offrire un codice sconto del 20% ai lettori che si iscrivono alla loro newsletter o che seguono i loro profili sui social media. Questo non solo aiuta gli autori a costruire una base di fan impegnata e a sviluppare una relazione con il pubblico, ma può anche aumentare le vendite fornendo un incentivo tangibile all'azione.

Inoltre, i coupon e i codici sconto possono essere utilizzati per promuovere il lancio di nuovi libri o per generare interesse intorno a eventi speciali come le festività o le celebrazioni dei compleanni dell'autore. Offrire uno sconto temporaneo o un coupon esclusivo per il nuovo libro può generare un'anticipazione e un'entusiasmo maggiori tra i lettori, incoraggiandoli ad acquistare il libro durante il periodo promozionale.

È importante anche personalizzare le offerte dei coupon e dei codici sconto in base al comportamento e alle preferenze dei lettori. Ad esempio, gli autori potrebbero inviare coupon personalizzati ai lettori che hanno già acquistato i loro libri in passato o che hanno espresso interesse per determinati generi o argomenti. Questo tipo di approccio mirato può aumentare le probabilità di conversione e incoraggiare la fedeltà dei clienti.

Infine, è essenziale monitorare e valutare l'efficacia delle offerte coupon e codici sconto attraverso l'analisi dei dati. Seguire le metriche di vendita, l'engagement del pubblico e altre metriche chiave può aiutare gli autori a valutare il successo delle loro campagne promozionali e a ottimizzare le future strategie di pricing e marketing.

In conclusione, l'utilizzo di coupon e codici sconto è una tattica efficace per coinvolgere i lettori e aumentare le vendite dei libri su piattaforme come Amazon KDP. Offrire sconti esclusivi e promozioni personalizzate può generare interesse, stimolare l'acquisto e costruire una base di fan fedeli, contribuendo al successo a lungo termine degli autori.

5. Strategie di Marketing Integrato: Promuovere le Offerte in Modo Efficace

Le strategie di marketing integrato rappresentano un approccio completo e sinergico per promuovere le offerte di coupon e codici sconto in modo efficace, massimizzando così l'impatto delle promozioni e aumentando le vendite dei libri su Amazon KDP e altre piattaforme. Questo approccio prevede l'integrazione di diverse tattiche di marketing, sia online che offline, per raggiungere il pubblico target in modo completo e coinvolgente.

Una delle principali strategie di marketing integrato è l'utilizzo dei canali digitali, come i social media, i blog, le newsletter e le pubblicità online, per promuovere attivamente le offerte dei coupon e dei codici sconto. Gli autori possono condividere le promozioni attraverso post organici e sponsorizzati sui social media, pubblicare articoli informativi sui propri blog e inviare comunicazioni mirate ai propri abbonati tramite newsletter. Inoltre, possono sfruttare le piattaforme pubblicitarie online, come Google Ads e Facebook Ads, per raggiungere un pubblico più ampio e mirato attraverso annunci mirati basati sugli interessi e sul comportamento online.

Oltre al marketing digitale, è importante considerare anche le opportunità di promozione offline per amplificare l'impatto delle offerte. Gli autori possono adottare tattiche come la distribuzione di volantini promozionali durante eventi letterari o fiere del libro, la partecipazione a programmi radiofonici o podcast per interviste o sponsorizzazioni, e la collaborazione con librerie locali per promuovere le offerte ai clienti in negozio. Questo approccio multi-canale consente agli autori di raggiungere una vasta gamma di lettori, sia online che offline, aumentando così la visibilità delle loro offerte e le probabilità di conversione.

Inoltre, una strategia efficace di marketing integrato include l'ottimizzazione della presenza online dell'autore, compresa la sua pagina autore su Amazon. Gli autori possono aggiornare regolarmente la loro pagina autore con informazioni sulle offerte in corso e utilizzare le recensioni dei clienti e altri elementi social proof per aumentare la credibilità e l'attrattiva delle loro promozioni. Questo può contribuire a catturare l'attenzione dei potenziali acquirenti e a convertirli in clienti effettivi.

Infine, è essenziale valutare continuamente l'efficacia delle strategie di marketing integrato attraverso l'analisi dei dati e il monitoraggio delle metriche chiave. Gli autori possono utilizzare strumenti di analisi per tracciare le prestazioni delle loro promozioni, inclusi il traffico web, le conversioni e le vendite generate dalle offerte dei coupon e dei codici sconto. Queste informazioni possono essere utilizzate per ottimizzare le future campagne promozionali e massimizzare il ritorno sull'investimento complessivo.

In conclusione, le strategie di marketing integrato offrono agli autori un approccio completo e sinergico per promuovere le offerte dei coupon e dei codici sconto in modo efficace, aumentando la visibilità e le vendite dei loro libri su Amazon KDP e altre piattaforme. Integrando tattiche online e offline, ottimizzando la presenza online e valutando costantemente le prestazioni, gli autori possono massimizzare l'impatto delle loro promozioni e raggiungere il successo nel mercato editoriale.

XV. Gestione delle Versioni Cartacee e Ebook

1. Vantaggi e Sfide nell'Offrire Versioni Cartacee ed Ebook

Offrire sia versioni cartacee che ebook dei propri libri comporta una serie di vantaggi e sfide uniche che gli autori devono affrontare nel mercato editoriale moderno. I vantaggi includono la capacità di raggiungere una più ampia varietà di lettori attraverso canali di distribuzione diversificati, soddisfacendo le preferenze di lettura di individui che preferiscono formati fisici o digitali. Le versioni cartacee offrono un'esperienza tattile e tangibile che alcuni lettori apprezzano, consentendo loro di sfogliare le pagine e annotare direttamente sui margini. D'altra parte, gli ebook offrono convenienza e accessibilità, consentendo ai lettori di accedere istantaneamente a una vasta gamma di titoli tramite dispositivi digitali come eReader, smartphone e tablet.

Tuttavia, con questi vantaggi vengono anche una serie di sfide uniche. La produzione di versioni cartacee richiede processi di stampa, distribuzione e gestione delle scorte che possono essere complessi e costosi. Gli autori devono considerare la logistica della distribuzione fisica, inclusi costi di spedizione, gestione delle restituzioni e rischi di sovrapproduzione o esaurimento delle scorte. D'altra parte, la pubblicazione di ebook comporta sfide legate alla formattazione digitale, alla compatibilità dei dispositivi e ai problemi di pirateria e distribuzione non autorizzata.

Inoltre, gli autori devono bilanciare il costo e il beneficio di offrire entrambe le versioni. Sebbene offrire sia versioni cartacee che ebook possa aumentare la visibilità e le opportunità di vendita, può anche comportare costi aggiuntivi di produzione e gestione. È essenziale valutare attentamente i costi associati a ciascuna opzione e sviluppare una strategia che massimizzi il valore per l'autore e soddisfi al meglio le esigenze dei lettori.

In definitiva, l'offerta di versioni cartacee ed ebook presenta vantaggi significativi, ma richiede una pianificazione e una gestione oculate per affrontare le sfide associate e massimizzare il successo nel mercato editoriale digitale e tradizionale.

2. Conversione da Ebook a Formato Cartaceo: Procedure e Linee Guida

La conversione da ebook a formato cartaceo è un passaggio cruciale per gli autori che desiderano offrire entrambe le versioni del loro lavoro. Questo processo richiede una serie di procedure e linee guida specifiche per garantire che il libro sia trasformato in modo efficace e professionale, soddisfacendo le aspettative dei lettori e rispettando gli standard editoriali.

Innanzitutto, è fondamentale considerare la formattazione del testo per il formato cartaceo. Mentre gli ebook possono avere layout dinamici e adattabili alle dimensioni dello schermo, i libri cartacei richiedono una formattazione statica che tenga conto delle dimensioni della pagina, del margine e del layout della tipografia. Gli autori devono assicurarsi che il testo sia leggibile e ben distribuito sulla pagina, evitando problemi di testo sovrapposto o tagliato.

Inoltre, durante la conversione, è importante prendere in considerazione altri elementi visivi come immagini, grafici e tabelle. Questi elementi devono essere ottimizzati per la stampa e posizionati in modo appropriato all'interno del libro. Le immagini ad alta risoluzione sono essenziali per garantire una qualità di stampa ottimale e una resa visiva chiara e nitida.

Oltre alla formattazione del contenuto, gli autori devono anche prestare attenzione alla copertina del libro. Mentre gli ebook possono avere copertine digitali, i libri cartacei richiedono copertine fisiche che attirino l'attenzione e riflettano il contenuto del libro. È consigliabile utilizzare immagini ad alta risoluzione e testi ben progettati per creare una copertina accattivante e professionale.

Infine, una volta completata la conversione, è importante eseguire un controllo di qualità approfondito per individuare eventuali errori o problemi di formattazione. Gli autori dovrebbero esaminare attentamente ogni pagina del libro, verificando la correttezza del testo, la coerenza della formattazione e la qualità delle immagini. Eventuali errori dovrebbero essere corretti prima di procedere con la pubblicazione.

In definitiva, la conversione da ebook a formato cartaceo richiede attenzione ai dettagli e una comprensione approfondita dei requisiti editoriali. Seguendo procedure e linee guida specifiche, gli autori possono garantire una transizione senza problemi e offrire ai lettori una versione stampata del loro lavoro di alta qualità.

3. Distribuzione delle Versioni Cartacee: Strategie e Opzioni di Stampa

La distribuzione delle versioni cartacee di un libro è una fase cruciale del processo editoriale, poiché determina come il libro sarà reso disponibile al pubblico. Esistono diverse strategie e opzioni di stampa che gli autori possono considerare per garantire una distribuzione efficiente e redditizia dei loro libri cartacei.

Una delle opzioni più comuni è la stampa on-demand, che consente agli autori di stampare copie del loro libro solo quando vengono ordinate dai clienti. Questo approccio elimina la necessità di tenere in magazzino grandi quantità di copie e riduce i costi di produzione e gestione dell'inventario. Inoltre, la stampa on-demand consente agli autori di offrire versioni cartacee del loro libro senza dover investire in una grande quantità di copie in anticipo, rendendo più accessibile la pubblicazione di libri cartacei per gli autori indipendenti.

Un'altra opzione è la stampa offset, che coinvolge la stampa di grandi quantità di copie in un'unica volta. Questo metodo è spesso utilizzato per la produzione di libri in gran quantità e può essere più economico per tirature molto elevate. Tuttavia, richiede un investimento iniziale più elevato e implica il rischio di avere un surplus di copie invendute.

Oltre alle opzioni di stampa, gli autori devono anche considerare le strategie di distribuzione per rendere i loro libri cartacei disponibili nei canali di vendita appropriati. Questo può includere la distribuzione attraverso librerie fisiche, negozi online e piattaforme di e-commerce come Amazon. Gli autori possono anche esplorare opportunità di distribuzione internazionale per raggiungere un pubblico più ampio.

È importante che gli autori valutino attentamente le opzioni di distribuzione e le strategie di stampa in base alle proprie esigenze e obiettivi. Una distribuzione efficace può contribuire a massimizzare le vendite e la visibilità del libro, consentendo agli autori di raggiungere il maggior numero possibile di lettori.

4. Distribuzione degli Ebook: Piattaforme e Tecniche di Pubblicazione Digitale

La distribuzione degli ebook rappresenta una componente fondamentale della strategia di pubblicazione digitale di un autore. Esistono numerose piattaforme e tecniche di pubblicazione digitale che gli autori possono utilizzare per rendere i loro ebook disponibili al pubblico in modo efficace e redditizio.

Una delle piattaforme più popolari per la distribuzione degli ebook è Amazon Kindle Direct Publishing (KDP), che consente agli autori di pubblicare facilmente i loro libri in formato digitale sulla piattaforma Kindle di Amazon. KDP offre una serie di strumenti e risorse per aiutare gli autori a formattare, pubblicare e promuovere i loro ebook, inclusi tutorial passo-passo, modelli di formattazione e strumenti di marketing integrati.

Altre piattaforme di distribuzione di ebook includono Apple Books, Barnes & Noble Press, Google Play Books e Kobo Writing Life. Ognuna di queste piattaforme ha le proprie specificità e requisiti di pubblicazione, ma offrono agli autori l'opportunità di raggiungere un vasto pubblico di lettori in tutto il mondo.

Per quanto riguarda le tecniche di pubblicazione digitale, gli autori devono considerare diversi aspetti, tra cui la formattazione del libro per i diversi formati di ebook, come ePub e mobi, l'inclusione di metadati accurati e rilevanti per migliorare la scopribilità del libro e l'ottimizzazione delle copertine per attirare l'attenzione dei potenziali lettori.

Inoltre, gli autori possono scegliere di distribuire i loro ebook attraverso canali di distribuzione diretta, come i propri siti web o blog, o utilizzare servizi di distribuzione aggregata che pubblicano i libri su diverse piattaforme contemporaneamente.

Indipendentemente dalla piattaforma o dalla tecnica di pubblicazione scelta, è fondamentale che gli autori prestino attenzione alla qualità del contenuto e all'esperienza complessiva del lettore, poiché ciò può influenzare notevolmente le recensioni e le vendite del libro.

In conclusione, la distribuzione degli ebook offre agli autori un'enorme opportunità di raggiungere un vasto pubblico di lettori in tutto il mondo. Utilizzando le giuste piattaforme e tecniche di pubblicazione digitale, gli autori possono massimizzare la visibilità e il successo dei loro ebook.

5. Gestione dei Diritti d'Autore per Versioni Cartacee ed Ebook: Considerazioni Legal

La gestione dei diritti d'autore per le versioni cartacee ed ebook richiede una comprensione approfondita delle leggi e delle normative che regolano la proprietà intellettuale. Quando si pubblica un libro, sia in formato cartaceo che digitale, è essenziale proteggere i propri diritti d'autore per evitare violazioni e dispute legali.

Innanzitutto, è importante che gli autori comprendano i propri diritti d'autore e come essi vengono applicati alle opere letterarie. I diritti d'autore conferiscono all'autore il controllo esclusivo sulla distribuzione, la riproduzione e la vendita della propria opera, consentendo loro di trarre profitto dal loro lavoro e di proteggerlo da un uso non autorizzato da parte di terzi.

Nel caso delle versioni cartacee, gli autori devono ottenere un ISBN (International Standard Book Number) per ogni edizione del loro libro, il che li aiuta a tracciare e gestire la distribuzione del libro. Inoltre, è consigliabile includere una pagina di copyright all'interno del libro che specifichi chiaramente i diritti d'autore dell'opera e qualsiasi altra informazione legale rilevante.

Per le versioni ebook, gli autori devono prestare particolare attenzione ai contratti di distribuzione con le piattaforme di pubblicazione digitale, come Amazon KDP o Apple Books. Questi contratti possono contenere clausole specifiche sui diritti d'autore, la distribuzione geografica e le royalties, quindi è importante leggerli attentamente e capirli prima di accettarli.

Inoltre, gli autori devono considerare l'opzione di registrare i propri diritti d'autore presso gli uffici competenti per ottenere una protezione legale aggiuntiva. Anche se i diritti d'autore sono automaticamente assegnati all'autore al momento della creazione dell'opera, la registrazione fornisce una prova tangibile della proprietà e può essere utile in caso di controversie legali.

Infine, è consigliabile consultare un avvocato specializzato in diritto d'autore per ricevere consulenza legale personalizzata e assicurarsi di essere pienamente conformi alle leggi e alle normative vigenti.

In sintesi, la gestione dei diritti d'autore per le versioni cartacee ed ebook richiede attenzione ai dettagli e una comprensione approfondita delle leggi sulla proprietà intellettuale. Gli autori devono adottare misure adeguate per proteggere i propri diritti e garantire che le loro opere siano distribuite in modo legale e conforme.

6. Marketing Differenziato: Approcci per Promuovere Versioni Cartacee ed Ebook

Il marketing differenziato rappresenta un'opportunità cruciale per gli autori al fine di promuovere sia le versioni cartacee che gli ebook dei loro libri in modo efficace e mirato. Questo approccio si basa sull'idea di adattare le strategie di marketing alle caratteristiche distintive di ciascuna versione del libro, sfruttando i punti di forza di ciascun formato per massimizzare l'engagement e le vendite.

Per promuovere le versioni cartacee, ad esempio, gli autori possono concentrarsi sulla creazione di materiali di marketing tangibili, come volantini, poster e presentazioni in libreria, che catturino l'attenzione dei lettori tradizionali e li invoglino all'acquisto. Inoltre, partecipare a eventi letterari, fiere del libro e incontri con i lettori può offrire un'opportunità unica di interazione diretta con il pubblico e di presentare il libro in modo coinvolgente.

D'altra parte, per promuovere gli ebook, gli autori possono sfruttare le potenzialità del marketing digitale, come la pubblicità online mirata e le campagne sui social media. La creazione di annunci pubblicitari su piattaforme come Facebook, Instagram e Google Ads consente agli autori di raggiungere specifici segmenti di pubblico interessati al genere o all'argomento del libro, aumentando così la visibilità e le probabilità di conversione.

Inoltre, la partecipazione a programmi di promozione digitale, come le offerte Kindle di Amazon o le promozioni su altre piattaforme di distribuzione, può essere un modo efficace per generare interesse e aumentare le vendite degli ebook. Queste iniziative offrono agli autori l'opportunità di beneficiare della visibilità aggiuntiva offerta dalle piattaforme digitali e di capitalizzare sulle tendenze di acquisto online.

È importante notare che, pur adottando un approccio differenziato, gli autori dovrebbero anche cercare sinergie tra le strategie di marketing per le versioni cartacee ed ebook, al fine di massimizzare l'impatto complessivo delle proprie attività promozionali. Ad esempio, l'inclusione di link diretti all'acquisto dell'ebook sulle pagine di presentazione delle versioni cartacee può favorire la vendita incrociata e offrire ai lettori la possibilità di scegliere il formato che preferiscono.

In conclusione, il marketing differenziato rappresenta un approccio strategico e mirato che consente agli autori di promuovere con successo sia le versioni cartacee che gli ebook dei loro libri, sfruttando le peculiarità di ciascun formato per raggiungere un pubblico più ampio e aumentare le vendite complessive.

7. Feedback dei Lettori: Raccolta e Utilizzo per Migliorare Versioni Cartacee ed Ebook

Il feedback dei lettori rappresenta un elemento cruciale per gli autori al fine di migliorare continuamente sia le versioni cartacee che gli ebook dei loro libri. La raccolta e l'utilizzo attivo del feedback consentono agli autori di comprendere meglio le preferenze e le opinioni dei lettori, identificare punti di forza e aree di miglioramento e adattare di conseguenza i propri prodotti per soddisfare al meglio le esigenze del pubblico.

Esistono diverse strategie per raccogliere il feedback dei lettori. Una delle più comuni è quella di incoraggiare attivamente i lettori a lasciare recensioni e valutazioni sui siti di vendita online, come Amazon o Goodreads. Gli autori possono includere un invito gentile alla fine del libro o nelle comunicazioni di follow-up per incoraggiare i lettori a condividere le proprie opinioni e impressioni.

Oltre alle recensioni online, gli autori possono anche utilizzare sondaggi e questionari per raccogliere feedback strutturati dai lettori. Questi strumenti consentono agli autori di porre domande specifiche sui diversi aspetti del libro, come trama, personaggi, stile di scrittura e presentazione, e di ottenere risposte dettagliate e approfondite che possono essere utili per orientare le future revisioni e miglioramenti.

Una volta raccolto il feedback, è essenziale utilizzarlo in modo costruttivo per migliorare le versioni cartacee ed ebook. Gli autori dovrebbero analizzare attentamente le informazioni raccolte, individuare i temi comuni e le tendenze emergenti e valutare criticamente come integrare queste informazioni nel processo di revisione e sviluppo del libro.

Ciò potrebbe comportare la modifica della trama o dei personaggi per rispondere alle richieste dei lettori, il miglioramento della chiarezza o della fluidità dello stile di scrittura, o l'aggiunta di contenuti extra o risorse bonus per arricchire l'esperienza complessiva del lettore.

Inoltre, gli autori possono anche utilizzare il feedback dei lettori per informare le loro strategie di marketing e promozione, identificando i punti di forza del libro su cui concentrarsi nelle campagne pubblicitarie e comunicazioni di marketing per aumentare l'attrattiva e l'engagement con il pubblico.

In conclusione, il feedback dei lettori rappresenta una risorsa preziosa per gli autori, offrendo preziose informazioni su come migliorare le versioni cartacee ed ebook dei loro libri e guidare le loro strategie di marketing e promozione. Sfruttare attivamente il feedback consente agli autori di mantenere un rapporto stretto con il pubblico e di offrire prodotti di alta qualità che soddisfano appieno le esigenze e le aspettative dei lettori.

8. Ottimizzazione dei Costi di Produzione: Bilanciare Risorse per Versioni Cartacee ed Ebook

L'ottimizzazione dei costi di produzione rappresenta un aspetto fondamentale per gli autori che desiderano pubblicare sia versioni cartacee che ebook dei propri libri. Bilanciare le risorse in modo efficiente tra le due forme di pubblicazione è essenziale per massimizzare il valore del prodotto finale e garantire una redditività sostenibile nel lungo termine.

Nel contesto delle versioni cartacee, ci sono diversi costi da considerare, tra cui la stampa, la distribuzione e la gestione degli stock. Gli autori devono valutare attentamente le opzioni di stampa on-demand rispetto alla stampa di grandi volumi per determinare quale approccio sia più vantaggioso dal punto di vista economico e logistico. La stampa on-demand consente di evitare costi iniziali elevati e di ridurre al minimo il rischio di sovrastoccaggio, mentre la stampa di grandi volumi può offrire vantaggi in termini di costi unitari inferiori per copia.

Per quanto riguarda gli ebook, i costi di produzione sono generalmente inferiori rispetto alle versioni cartacee, ma ci sono comunque spese associate alla formattazione, all'editing e alla progettazione della copertina. Gli autori possono scegliere di gestire queste attività da soli o di assumere professionisti del settore per garantire una qualità ottimale del prodotto finale. Inoltre, è importante considerare le commissioni delle piattaforme di distribuzione digitale, come Amazon KDP, che trattenendo una percentuale delle vendite per i servizi offerti.

Un approccio strategico alla gestione dei costi di produzione coinvolge la valutazione accurata delle priorità dell'autore e dei suoi obiettivi a lungo termine. Ad esempio, se l'obiettivo principale è massimizzare il margine di profitto, potrebbe essere più vantaggioso concentrarsi maggiormente sulla promozione e sulla distribuzione degli ebook, che offrono margini più elevati rispetto alle versioni cartacee. Tuttavia, se l'autore mira a raggiungere una più ampia varietà di lettori e a creare un'impressione tangibile con i suoi libri, potrebbe essere opportuno investire maggiormente nelle versioni cartacee, nonostante i costi di produzione più elevati.

In definitiva, bilanciare le risorse tra versioni cartacee ed ebook richiede un'attenta considerazione delle priorità dell'autore, delle caratteristiche del pubblico di riferimento e degli obiettivi di mercato. Ottimizzare i costi di produzione è essenziale per garantire una gestione finanziaria sana e sostenibile e per massimizzare il valore complessivo del prodotto offerto al pubblico.

XVI. Monitoraggio delle Vendite e Analisi dei Dati

1. Strumenti di Monitoraggio delle Vendite: Analisi dei Dati in Tempo Reale

Nel mondo del self-publishing su piattaforme come Amazon KDP, avere accesso a strumenti di monitoraggio delle vendite è essenziale per il successo dell'autore. L'analisi dei dati in tempo reale offre una panoramica dettagliata delle prestazioni di un libro, consentendo agli autori di prendere decisioni informate e di adattare le proprie strategie di marketing e vendita di conseguenza.

I moderni strumenti di monitoraggio delle vendite offrono una vasta gamma di funzionalità avanzate che vanno oltre il semplice conteggio delle copie vendute. Questi strumenti consentono agli autori di monitorare le vendite in tempo reale, analizzare i dati demografici dei clienti, valutare l'impatto delle promozioni e delle campagne pubblicitarie, nonché tracciare i trend di vendita nel tempo.

Uno dei vantaggi principali dell'analisi dei dati in tempo reale è la capacità di adattarsi rapidamente alle mutevoli condizioni del mercato. Gli autori possono identificare picchi e cali nelle vendite e rispondere prontamente con strategie di marketing mirate per massimizzare il potenziale di guadagno del loro libro. Ad esempio, se si nota un aumento delle vendite in risposta a una determinata campagna pubblicitaria, gli autori possono decidere di rinnovare o espandere tale campagna per sfruttare al massimo il momento favorevole.

Inoltre, l'analisi dei dati in tempo reale consente agli autori di monitorare da vicino l'efficacia delle loro strategie di pricing. Possono esaminare come variazioni nei prezzi influenzano le vendite e il reddito complessivo e regolare di conseguenza le loro strategie di pricing per massimizzare i ricavi. Questo livello di controllo e flessibilità è fondamentale per mantenere la competitività nel mercato sempre più affollato dell'editoria self-publishing.

In definitiva, gli strumenti di monitoraggio delle vendite e l'analisi dei dati in tempo reale sono indispensabili per gli autori che desiderano avere successo nel mondo dell'auto-pubblicazione. Forniscono una visione approfondita delle prestazioni del libro e consentono agli autori di prendere decisioni informate per ottimizzare le loro strategie di marketing, pricing e distribuzione. Con l'accesso a queste preziose informazioni, gli autori possono massimizzare il potenziale di guadagno dei loro libri e raggiungere un pubblico sempre più vasto.

2. Analisi dei Trend di Vendita: Identificare Pattern e Fluttuazioni

L'analisi dei trend di vendita è una componente fondamentale per il successo nell'auto-pubblicazione. Attraverso questa pratica, gli autori possono individuare pattern e fluttuazioni nei dati di vendita che forniscono preziose informazioni su come il loro libro sta performando sul mercato.

Uno degli aspetti più importanti dell'analisi dei trend di vendita è la capacità di individuare modelli ricorrenti nel comportamento degli acquirenti. Questi modelli possono rivelare quando e come il libro attrae maggiormente l'interesse dei lettori, consentendo agli autori di adattare le proprie strategie di marketing e promozione per capitalizzare su questi momenti cruciali. Ad esempio, potrebbe emergere un pattern che mostra un aumento delle vendite durante i fine settimana o durante determinate festività. Con questa informazione, gli autori possono pianificare campagne pubblicitarie o promozioni speciali in anticipo per massimizzare il potenziale di guadagno del loro libro.

Inoltre, l'analisi dei trend di vendita consente agli autori di individuare fluttuazioni nel mercato che potrebbero influenzare le prestazioni del loro libro. Queste fluttuazioni possono essere il risultato di una varietà di fattori, tra cui cambiamenti nelle preferenze dei lettori, concorrenza rinnovata da parte di altri titoli o eventi esterni che attirano l'attenzione del pubblico. Monitorare attentamente queste fluttuazioni consente agli autori di adattare rapidamente le proprie strategie di marketing e pricing per mantenere la competitività e massimizzare i ricavi.

Inoltre, l'analisi dei trend di vendita può rivelare l'efficacia di specifiche azioni di marketing e promozione. Gli autori possono tracciare le vendite prima, durante e dopo una determinata campagna pubblicitaria o promozione per valutare il suo impatto sulle prestazioni del libro. Questo feedback in tempo reale consente loro di identificare quali strategie sono più efficaci nel generare interesse e vendite, consentendo loro di ottimizzare ulteriormente le loro future attività di marketing.

Infine, l'analisi dei trend di vendita fornisce agli autori una visione a lungo termine delle prestazioni del loro libro. Possono osservare come le vendite variano nel corso del tempo e identificare eventuali tendenze di crescita o declino. Questa prospettiva a lungo termine è essenziale per sviluppare una strategia di pubblicazione sostenibile e per pianificare adeguatamente il futuro delle loro attività editoriali.

In conclusione, l'analisi dei trend di vendita è un elemento chiave per il successo nell'auto-pubblicazione. Fornisce agli autori una panoramica dettagliata delle prestazioni del loro libro e consente loro di prendere decisioni informate per massimizzare il potenziale di guadagno e raggiungere un pubblico sempre più vasto. Con l'accesso a strumenti avanzati di analisi dei dati, gli autori possono trarre vantaggio dai trend di vendita per ottimizzare le proprie strategie di marketing e promozione e perseguire il successo nel mercato dell'auto-pubblicazione.

3. Segmentazione del Mercato: Definire Target e Sottogruppi di Clientela

La segmentazione del mercato è un'importante pratica di analisi che consente agli autori di definire i target e i sottogruppi di clientela per il loro libro. Piuttosto che adottare un approccio "one-size-fits-all", la segmentazione del mercato consente agli autori di suddividere il loro pubblico in gruppi più piccoli e più specifici in base a caratteristiche demografiche, comportamentali o psicografiche.

Innanzitutto, la segmentazione demografica è uno dei metodi più comuni utilizzati dagli autori per identificare i loro target di mercato. Questo coinvolge la suddivisione del pubblico in gruppi basati su vari fattori demografici come età, genere, reddito, occupazione e posizione geografica. Ad esempio, un'autrice di romanzi rosa potrebbe segmentare il suo pubblico in base all'età, concentrandosi su lettrici donne di età compresa tra i 25 ei 40 anni, mentre un'autore di libri per bambini potrebbe segmentare il suo pubblico in base all'età dei bambini e ai loro interessi.

Oltre alla segmentazione demografica, gli autori possono anche utilizzare la segmentazione comportamentale per identificare i loro target di mercato. Questo coinvolge la suddivisione del pubblico in base ai loro comportamenti di acquisto, alle loro abitudini di lettura e alle loro interazioni con il libro. Ad esempio, un'autrice di libri di crescita personale potrebbe segmentare il suo pubblico in base all'interesse per il genere e alla frequenza con cui partecipano a eventi di sviluppo personale o leggono libri simili.

Inoltre, la segmentazione psicografica considera gli aspetti psicologici e emotivi del pubblico per definire i target di mercato. Questo coinvolge la suddivisione del pubblico in base a interessi, valori, stili di vita e personalità. Ad esempio, un'autore di libri di viaggio potrebbe segmentare il suo pubblico in base all'interesse per l'avventura e alla propensione a viaggiare, creando così un target di mercato più mirato e affini.

In conclusione, la segmentazione del mercato è essenziale per gli autori che desiderano massimizzare il successo del loro libro. Definire target e sottogruppi di clientela consente loro di adattare le proprie strategie di marketing, promozione e pricing per soddisfare le esigenze e le preferenze specifiche di ciascun segmento di pubblico. Questo approccio mirato porta a una maggiore rilevanza e coinvolgimento del pubblico, contribuendo a migliorare le prestazioni complessive del libro sul mercato.

4. Valutazione delle Prestazioni dei Prodotti: Misurare Successi e Sfide

La valutazione delle prestazioni dei prodotti è un passaggio fondamentale nel monitoraggio delle vendite e nell'analisi dei dati. Consente agli autori di misurare i successi e le sfide del proprio libro, fornendo una panoramica dettagliata delle prestazioni complessive e identificando le aree che richiedono miglioramento.

Per valutare le prestazioni del proprio libro, gli autori possono utilizzare una serie di metriche e indicatori chiave di performance (KPI). Tra i principali KPI vi sono le vendite totali, il numero di copie vendute in un determinato periodo di tempo e il tasso di conversione delle visite alla pagina del libro in acquisti effettivi. Queste metriche forniscono un'indicazione diretta della domanda e del successo del libro sul mercato.

Oltre alle metriche di vendita, gli autori possono valutare le prestazioni del proprio libro esaminando il feedback dei clienti e le recensioni. Analizzare le recensioni dei lettori consente agli autori di comprendere le opinioni e le percezioni del pubblico nei confronti del proprio libro, identificando i punti di forza e di debolezza. Inoltre, il feedback dei clienti può fornire preziose informazioni su eventuali problemi di formattazione, contenuto o esperienza di lettura che potrebbero influenzare le vendite e la reputazione del libro.

Inoltre, gli autori possono valutare le prestazioni del proprio libro confrontando i risultati con quelli di libri simili nel mercato. Questo confronto competitivo consente loro di identificare le aree in cui il loro libro ha successo e quelle in cui potrebbe essere necessario apportare miglioramenti per competere in modo più efficace.

Infine, la valutazione delle prestazioni dei prodotti richiede una valutazione continua e iterativa nel tempo. Monitorare costantemente le metriche di vendita e il feedback dei clienti consente agli autori di adattare le proprie strategie di marketing, promozione e pricing per massimizzare il successo del loro libro nel lungo periodo.

In conclusione, valutare le prestazioni dei prodotti è un processo cruciale per gli autori che desiderano comprendere e migliorare le prestazioni del proprio libro sul mercato. Utilizzando una combinazione di metriche di vendita, feedback dei clienti e analisi comparative, gli autori possono identificare i punti di forza e di debolezza del proprio libro e adottare le strategie necessarie per massimizzare il suo successo.

5. Ottimizzazione delle Strategie di Pricing: Adattare Offerte e Promozioni

L'ottimizzazione delle strategie di pricing rappresenta un aspetto cruciale nella gestione delle vendite e nell'analisi dei dati per gli autori che desiderano massimizzare i ricavi dai propri libri. Questo processo implica la continua valutazione e adattamento delle offerte e delle promozioni in base alle dinamiche del mercato, alle tendenze dei consumatori e agli obiettivi di vendita dell'autore.

Per ottimizzare le strategie di pricing, gli autori devono innanzitutto comprendere a fondo il proprio mercato di riferimento e le preferenze dei consumatori. Questo significa analizzare i prezzi dei concorrenti, esaminare le strategie di pricing adottate da altri autori nel settore e valutare la sensibilità dei consumatori al prezzo rispetto al valore percepito del libro.

Una volta acquisite queste informazioni, gli autori possono adottare un'approccio flessibile e sperimentare con diverse strategie di pricing per determinare quella più efficace per il proprio libro. Ciò potrebbe includere l'offerta di sconti temporanei o promozioni a tempo limitato per generare interesse e aumentare le vendite durante periodi chiave, come le festività o gli eventi promozionali.

Inoltre, gli autori possono considerare l'implementazione di prezzi differenziati o personalizzati in base al segmento di clientela o alle preferenze individuali dei lettori. Questo approccio consente loro di massimizzare i ricavi offrendo prezzi ottimizzati per diversi gruppi di consumatori e di soddisfare meglio le esigenze e le aspettative del pubblico di riferimento.

Oltre alle promozioni e ai prezzi differenziati, gli autori possono anche esplorare l'opzione di bundling strategici, in cui combinano più titoli o formati di libro in offerte speciali per aumentare il valore percepito dai clienti e incentivare l'acquisto multiplo.

Infine, è essenziale monitorare costantemente le performance delle strategie di pricing e adattarle di conseguenza in base ai dati di vendita e al feedback dei clienti. Questo processo iterativo consente agli autori di ottimizzare continuamente le proprie strategie di pricing per massimizzare i ricavi e il successo complessivo del proprio libro sul mercato.

In conclusione, l'ottimizzazione delle strategie di pricing è un componente fondamentale della gestione delle vendite e dell'analisi dei dati per gli autori che desiderano massimizzare i ricavi dai propri libri. Adottando un approccio flessibile, sperimentando con diverse strategie e monitorando costantemente le performance, gli autori possono adattare le proprie offerte e promozioni per massimizzare il successo commerciale del proprio libro.

6. Implementazione di Migliorie Basate sui Dati: Ottimizzare le Performance di Vendita

L'implementazione di migliorie basate sui dati rappresenta un pilastro fondamentale per ottimizzare le performance di vendita dei libri su piattaforme come Amazon KDP. Questo processo implica l'analisi approfondita dei dati di vendita e dei comportamenti dei clienti al fine di identificare aree di miglioramento e opportunità di ottimizzazione.

Una delle prime fasi nell'implementazione di migliorie basate sui dati è la raccolta e l'analisi dei dati di vendita esistenti. Questo include non solo la valutazione delle unità vendute e dei ricavi generati, ma anche la scomposizione dei dati per comprendere meglio i modelli di vendita, le preferenze dei clienti e i fattori che influenzano le decisioni di acquisto.

Una volta raccolti e analizzati i dati, gli autori possono identificare aree di potenziale miglioramento e sviluppare strategie mirate per ottimizzare le performance di vendita. Questo potrebbe includere l'ottimizzazione delle copertine dei libri, la revisione delle descrizioni dei prodotti, l'aggiornamento delle parole chiave e dei metadati per migliorare la visibilità sui motori di ricerca interni di Amazon e l'ottimizzazione delle pagine di vendita per aumentare la conversione.

Inoltre, gli autori possono utilizzare i dati per monitorare l'efficacia delle proprie strategie di marketing e promozione e apportare eventuali aggiustamenti in base ai risultati ottenuti. Questo potrebbe includere l'ottimizzazione delle campagne pubblicitarie, l'aggiornamento delle strategie di social media marketing e la sperimentazione con nuove tattiche di promozione per raggiungere nuovi segmenti di pubblico e stimolare le vendite.

Oltre all'ottimizzazione delle strategie di marketing, i dati possono anche essere utilizzati per migliorare l'esperienza complessiva del cliente. Questo potrebbe includere l'analisi dei feedback dei clienti per identificare aree di insoddisfazione o potenziali problemi con il prodotto e apportare miglioramenti di conseguenza. Ad esempio, se i clienti lamentano problemi di formattazione dell'ebook o errori di editing, gli autori possono prendere provvedimenti per risolvere questi problemi e migliorare la qualità complessiva del libro.

Infine, è importante adottare un approccio iterativo all'implementazione di migliorie basate sui dati, continuando a raccogliere e analizzare i dati di vendita e adattare le strategie di conseguenza nel tempo. Questo processo continuo di miglioramento permette agli autori di rimanere competitivi sul mercato e massimizzare il successo delle proprie opere su piattaforme di self-publishing come Amazon KDP.

In conclusione, l'implementazione di migliorie basate sui dati è essenziale per ottimizzare le performance di vendita dei libri su piattaforme di self-publishing come Amazon KDP. Attraverso l'analisi approfondita dei dati di vendita, l'identificazione di aree di miglioramento e l'adattamento continuo delle strategie di marketing e promozione, gli autori possono massimizzare il successo delle proprie opere e raggiungere un pubblico più ampio di lettori.

XVII. Coinvolgimento della Community e Interazione con i Lettori

1. Creare un Forum Online: Spazi di Discussione per Lettori Appassionati

Creare un forum online rappresenta un'opportunità unica per gli autori di stabilire un legame più stretto con la propria community di lettori.

Questi spazi di discussione offrono un ambiente virtuale dove i lettori possono interagire tra loro, condividere opinioni, porre domande agli autori e approfondire argomenti legati ai libri.

L'idea di creare un forum online non solo favorisce l'interazione tra gli utenti, ma anche l'engagement verso il proprio brand e le proprie opere letterarie.

Inoltre, i forum online consentono agli autori di ottenere feedback diretti sulla propria scrittura, sugli elementi preferiti dai lettori e sui temi che suscitano maggiore interesse.

Questo feedback può essere estremamente prezioso per gli autori nel perfezionare le proprie opere future e nell'orientare le strategie di marketing e promozione.

Tuttavia, la creazione e la gestione di un forum online richiedono una pianificazione attenta e una moderazione costante per assicurare un ambiente positivo e rispettoso per tutti i partecipanti.

È fondamentale stabilire regole chiare e garantire un'interazione attiva da parte dell'autore o del team di supporto.

Inoltre, è importante fornire risorse utili e contenuti esclusivi per incentivare la partecipazione e mantenere viva l'attenzione della community nel tempo.

Infine, un forum online ben gestito può diventare un hub centrale per la promozione dei libri, consentendo agli autori di condividere anteprime, organizzare sessioni di domande e risposte in diretta e lanciare iniziative speciali riservate esclusivamente ai membri della community.

In sintesi, creare un forum online rappresenta un passo significativo verso la costruzione di una community di lettori fedeli e appassionati, offrendo numerosi vantaggi in termini di coinvolgimento, feedback e promozione.

2. Webinar Interattivi: Coinvolgere i Lettori con Eventi in Tempo Reale

I webinar interattivi rappresentano un'innovativa forma di coinvolgimento dei lettori, offrendo agli autori la possibilità di interagire direttamente con il proprio pubblico attraverso eventi in tempo reale.

Questi webinar consentono agli autori di comunicare con i lettori in modo più immediato ed efficace, creando un'esperienza coinvolgente e interattiva che va oltre la semplice lettura dei libri.

Durante i webinar, gli autori possono condividere approfondimenti sul processo creativo, discutere le tematiche dei propri libri, rispondere alle domande dei partecipanti e persino condurre sessioni pratiche o dimostrative.

L'interattività dei webinar consente ai lettori di sentirsi coinvolti e partecipi, aumentando così il loro interesse e la loro fedeltà nei confronti dell'autore e delle sue opere.

Inoltre, i webinar offrono agli autori l'opportunità di raggiungere un pubblico più ampio, senza vincoli geografici, poiché possono essere trasmessi in streaming su piattaforme online accessibili da tutto il mondo.

Per organizzare un webinar di successo, gli autori devono pianificare attentamente il contenuto e la struttura dell'evento, assicurandosi di mantenere un equilibrio tra presentazioni interessanti e momenti di interazione con il pubblico.

È importante anche promuovere adeguatamente il webinar attraverso i propri canali di comunicazione, come il sito web, i social media e la mailing list, per massimizzare la partecipazione e l'engagement dei lettori.

Infine, registrare i webinar e renderli disponibili in seguito come risorsa on-demand può amplificare l'impatto dell'evento, consentendo ai lettori di rivedere i contenuti o di accedere a essi in un momento più comodo per loro.

In conclusione, i webinar interattivi rappresentano un potente strumento per coinvolgere i lettori, promuovere le proprie opere e creare una connessione più forte con la propria community.

3. Gruppi di Lettura Virtuali: Condividere Idee e Opinioni tra Lettori

I gruppi di lettura virtuali rappresentano un'importante risorsa per gli autori desiderosi di promuovere la discussione e lo scambio di idee tra i loro lettori. Questi gruppi forniscono uno spazio online dove i lettori possono incontrarsi, interagire e condividere le proprie opinioni e riflessioni sulle opere degli autori.

Partecipare a un gruppo di lettura virtuale offre ai lettori l'opportunità di approfondire la comprensione dei libri attraverso la discussione con altri membri del gruppo.

Gli autori possono utilizzare i gruppi di lettura virtuali per ottenere preziosi feedback sulla propria opera, comprendere meglio le reazioni dei lettori e identificare eventuali punti di forza e di debolezza.

Inoltre, i gruppi di lettura virtuale possono favorire lo sviluppo di una comunità di lettori affiatata e appassionata, che si sostiene reciprocamente nell'esplorare nuovi libri e autori e nel condividere le proprie esperienze di lettura.

Per promuovere e gestire con successo un gruppo di lettura virtuale, gli autori devono creare un ambiente inclusivo e accogliente, incoraggiando la partecipazione attiva e la condivisione aperta di opinioni e idee.

È importante anche stabilire linee guida chiare per la discussione e gestire eventuali divergenze di opinione in modo costruttivo e rispettoso.

Infine, gli autori possono sfruttare i gruppi di lettura virtuali come piattaforma per organizzare eventi speciali, come sessioni di domande e risposte con l'autore, letture pubbliche o incontri con altri autori ospiti.

In conclusione, i gruppi di lettura virtuali rappresentano un prezioso strumento per gli autori desiderosi di interagire con i propri lettori, favorire la discussione e creare una community attiva e coinvolta.

4. Campagne Social Media: Coinvolgere la Community con Contenuti Coinvolgenti

Le campagne sui social media rappresentano un mezzo potente per gli autori per coinvolgere la propria community e promuovere la propria opera in modo efficace. Attraverso piattaforme come Facebook, Instagram, Twitter e LinkedIn, gli autori possono creare e condividere contenuti coinvolgenti che catturano l'attenzione dei lettori e generano interesse per i propri libri.

Le campagne sui social media possono assumere molte forme, tra cui pubblicazioni regolari, annunci pubblicitari mirati, concorsi e giveaway, sessioni di domande e risposte in diretta, e molto altro ancora. L'obiettivo principale di queste campagne è quello di creare un dialogo dinamico con la community degli lettori, stimolare l'interesse per i libri dell'autore e incoraggiare l'interazione e la condivisione tra i membri della community.

Per massimizzare l'impatto delle campagne sui social media, gli autori devono sviluppare una strategia chiara e ben definita, identificare il proprio pubblico di riferimento e creare contenuti mirati che risuonino con i loro interessi e le loro passioni. È importante anche mantenere una presenza costante e coerente sui social media, aggiornando regolarmente i propri profili con contenuti freschi e rilevanti e partecipando attivamente alle conversazioni con i lettori.

Inoltre, gli autori possono sfruttare le funzionalità di targeting offerte dalle piattaforme di social media per raggiungere specifici segmenti di pubblico con messaggi mirati e personalizzati. Questo permette agli autori di ottimizzare le proprie campagne e massimizzare il coinvolgimento della community.

Infine, è importante monitorare e valutare costantemente le prestazioni delle campagne sui social media, analizzando metriche chiave come l'interazione degli utenti, il tasso di conversione e il coinvolgimento complessivo della community. Questi dati possono fornire preziose informazioni sull'efficacia delle strategie di promozione e guidare gli autori nell'ottimizzazione continua delle proprie campagne.

5. Incontri in Libreria: Eventi dal Vivo per un Coinvolgimento Autentico

Gli incontri in libreria rappresentano un'opportunità unica per gli autori di interagire direttamente con i loro lettori in un ambiente autentico e stimolante. Questi eventi dal vivo offrono un'esperienza coinvolgente sia per gli autori che per i lettori, consentendo loro di connettersi personalmente e condividere la loro passione per i libri.

Durante gli incontri in libreria, gli autori possono presentare le proprie opere, leggere brani selezionati e condividere aneddoti interessanti sul processo di scrittura e le ispirazioni dietro ai loro libri. Questo non solo offre ai lettori un'anteprima del lavoro dell'autore, ma crea anche un legame emotivo che può aumentare l'interesse e l'attaccamento alla storia.

Inoltre, gli incontri in libreria offrono agli autori l'opportunità di rispondere alle domande dei lettori, fornire approfondimenti sulle proprie opere e stabilire connessioni personali con la propria audience. Questo dialogo diretto può aiutare gli autori a comprendere meglio le aspettative e i desideri dei loro lettori e ad adattare la propria strategia di scrittura e promozione di conseguenza.

Per massimizzare l'efficacia degli incontri in libreria, gli autori dovrebbero pianificare attentamente l'evento, includendo dettagli come la data, l'orario e la promozione dell'evento attraverso i canali di comunicazione appropriati. È importante anche coordinarsi con la libreria ospitante per garantire che l'evento sia ben pubblicizzato e ben organizzato.

Durante l'incontro in libreria, gli autori dovrebbero essere preparati a interagire in modo autentico e coinvolgente con il loro pubblico, incoraggiando domande e discussioni e dimostrando apprezzamento per il supporto dei loro lettori. Questo può aiutare a creare un'esperienza memorabile e positiva per tutti i partecipanti e a generare un maggiore interesse e coinvolgimento nella storia dell'autore.

XVIII. Migliorare Continuamente la Qualità del Libro

1. Revisione Stilistica e Linguistica: Affinare la Scrittura

La revisione stilistica e linguistica rappresenta un pilastro fondamentale nell'iter di perfezionamento di un libro. Si tratta di un processo meticoloso e attento, volto a affinare la scrittura al fine di renderla più efficace, coinvolgente e di qualità superiore.

In questa fase, l'autore si immerge nel testo con uno sguardo critico, analizzando ogni parola, frase e paragrafo per assicurarsi che trasmettano con precisione l'intento e il messaggio desiderati. Uno degli obiettivi principali della revisione stilistica è garantire coerenza e coesione nel linguaggio utilizzato, eliminando ambiguità, ripetizioni e incongruenze.

Questo processo non riguarda solo l'aspetto tecnico della scrittura, ma anche la sua musicalità e il suo ritmo. Si tratta di trovare il giusto equilibrio tra varietà e uniformità nella struttura delle frasi, così da mantenere viva l'attenzione del lettore e rendere la lettura fluida e piacevole.

La revisione stilistica coinvolge anche l'analisi dell'uso delle figure retoriche, dei tropi e delle metafore, al fine di arricchire il testo e renderlo più vivido e coinvolgente. Oltre alla forma, viene prestata particolare attenzione al contenuto, verificando la coerenza narrativa, la logica degli argomenti e la profondità dei personaggi.

In definitiva, la revisione stilistica e linguistica è un processo indispensabile per elevare la qualità del libro e assicurare che raggiunga il suo massimo potenziale, catturando l'interesse e l'ammirazione dei lettori.

2. Ottimizzazione della Trama e dello Svolgimento Narrativo

Nel processo di miglioramento continuo della qualità del libro, un'attenzione particolare va dedicata all'ottimizzazione della trama e dello svolgimento narrativo. Questo significa analizzare attentamente la struttura narrativa del libro, dalla concezione dell'idea alla sua realizzazione, al fine di garantire coerenza, suspense e coinvolgimento del lettore.

La trama rappresenta il cuore pulsante di ogni storia, e la sua efficacia dipende dalla sua capacità di intrattenere, emozionare e sorprendere il lettore. Pertanto, durante il processo di ottimizzazione, l'autore si immerge nella trama con uno sguardo critico, valutando la sua logica interna, la sua coerenza temporale e la sua capacità di tenere viva l'attenzione del lettore.

Un aspetto cruciale dell'ottimizzazione della trama è la sua struttura. Questo include l'organizzazione degli eventi, lo sviluppo dei personaggi, la gestione della suspense e il raggiungimento di climax narrativi convincenti. L'autore deve assicurarsi che ogni parte della trama si integri armoniosamente, conducendo il lettore attraverso una serie di avvenimenti che mantengano viva la sua curiosità e lo spingano a voler scoprire cosa accadrà dopo.

Inoltre, durante l'ottimizzazione della trama, è essenziale considerare il ritmo narrativo. L'autore deve essere in grado di dosare adeguatamente la tensione e il rilassamento, creando un flusso narrativo che tenga il lettore incollato alle pagine del libro. Questo può implicare la revisione di scene, la rimozione di dettagli superflui o la modifica dell'ordine degli eventi per mantenere un ritmo avvincente e costante.

Infine, l'ottimizzazione della trama richiede anche la valutazione delle sottotrame e dei subplot. Questi elementi narrativi possono arricchire la storia principale, fornendo ulteriori strati di significato e complicando la trama in modo intrigante. Tuttavia, devono essere gestiti con cura per evitare sovraccarichi o dispersioni di interesse da parte del lettore.

In conclusione, ottimizzare la trama e lo svolgimento narrativo è un processo cruciale nella creazione di un libro di qualità superiore. Richiede un'analisi approfondita della struttura narrativa, una gestione oculata del ritmo e una cura particolare nella gestione delle sottotrame. Solo attraverso un lavoro attento e diligente, l'autore può garantire che la sua storia catturi pienamente l'immaginazione del lettore.

3. Analisi dei Personaggi: Profondità e Sviluppo Psicologico

Nel processo di miglioramento continuo della qualità del libro, un aspetto fondamentale è l'analisi dei personaggi, che riguarda la loro profondità e lo sviluppo psicologico. I personaggi sono le anime della storia, i veicoli attraverso cui il lettore si immerge nell'universo narrativo e si connette emotivamente con la trama. Pertanto, un'analisi approfondita dei personaggi è essenziale per garantire che siano credibili, coinvolgenti e memorabili.

La profondità dei personaggi si riferisce alla complessità delle loro personalità, alle loro motivazioni, ai loro conflitti interiori e alle loro relazioni interpersonali. Ogni personaggio dovrebbe essere un individuo tridimensionale, con sfumature, contraddizioni e ambiguità che li rendono realistici e interessanti. Per raggiungere questo obiettivo, l'autore deve scavare a fondo nelle vite dei suoi personaggi, esplorando il loro passato, le loro esperienze e le loro emozioni per dare loro profondità e autenticità.

Inoltre, lo sviluppo psicologico dei personaggi è cruciale per il coinvolgimento emotivo del lettore. Questo implica mostrare la crescita, la trasformazione e l'evoluzione dei personaggi nel corso della storia. Ogni personaggio dovrebbe affrontare sfide, superare ostacoli e imparare lezioni significative che li cambiano profondamente. Questo processo di crescita non solo rende i personaggi più realistici, ma consente anche al lettore di identificarsi con le loro esperienze e di trarre ispirazione dalle loro lotte e trionfi.

Inoltre, durante l'analisi dei personaggi, è importante considerare la coerenza e la coesione del loro arco narrativo. Ogni azione, parola o decisione dei personaggi dovrebbe derivare dalla loro natura, dalla loro personalità e dalle loro esperienze pregresse. L'autore deve evitare incoerenze o comportamenti irrealistici che potrebbero compromettere la credibilità dei personaggi e minare l'immersione del lettore nella storia.

Infine, l'analisi dei personaggi richiede anche la valutazione delle relazioni interpersonali e delle dinamiche di gruppo. I legami tra i personaggi, sia positivi che negativi, sono fondamentali per la costruzione della trama e per la crescita emotiva dei protagonisti. L'autore dovrebbe esplorare le complessità delle relazioni umane, inclusi amore, amicizia, rivalità e tradimento, per creare un tessuto narrativo ricco e coinvolgente.

In conclusione, l'analisi dei personaggi è un passaggio essenziale nella creazione di un libro di qualità superiore. Richiede un'esplorazione approfondita delle personalità dei personaggi, la loro crescita emotiva e la coerenza delle loro azioni all'interno della storia. Solo attraverso un'analisi attenta e accurata, l'autore può dare vita a personaggi indimenticabili che catturano l'immaginazione del lettore e lo trasportano in mondi fantastici e avventure emozionanti.

4. Punteggiatura e Struttura delle Frasi: Chiarezza e Coerenza

La punteggiatura e la struttura delle frasi sono elementi fondamentali per garantire chiarezza e coerenza nel testo. La punteggiatura corretta aiuta a delineare la struttura delle frasi, indicando pause, relazioni tra le parole e l'organizzazione delle idee. Un uso accurato della punteggiatura assicura che il testo sia fluido, comprensibile e gradevole da leggere.

La virgola è uno dei segni di punteggiatura più utilizzati e svolge diverse funzioni nella struttura delle frasi. Può separare elementi in una lista, introdurre un'apposizione o un'inciso, indicare una pausa breve o separare frasi coordinate. Tuttavia, è importante utilizzare la virgola con parsimonia ed evitare l'eccessiva prolissità, che può appesantire il testo e rendere la lettura meno scorrevole.

Il punto e virgola è utilizzato per separare frasi correlate tra loro, senza interrompere il flusso del testo come farebbe un punto. È particolarmente utile quando si desidera mantenere una connessione stretta tra le frasi o enumerare elementi complessi all'interno di una frase. Tuttavia, è importante non abusare del punto e virgola e utilizzarlo solo quando è veramente necessario per migliorare la chiarezza e la coerenza del testo.

Le parentesi tonde vengono utilizzate per inserire informazioni aggiuntive o spiegazioni che non sono strettamente necessarie per la comprensione del testo principale. Tuttavia, è importante non abusare delle parentesi tonde e assicurarsi che le informazioni in esse contenute siano rilevanti e contribuiscano effettivamente alla comprensione del contesto.

La struttura delle frasi, oltre alla punteggiatura, è un altro aspetto cruciale della scrittura efficace. Le frasi devono essere ben costruite, con un soggetto chiaro, un verbo conciso e complementi che contribuiscano alla coerenza e alla coesione del testo. È importante evitare frasi troppo lunghe o complesse che potrebbero confondere il lettore e compromettere la chiarezza del messaggio.

Inoltre, è essenziale variare la lunghezza e la struttura delle frasi per mantenere l'interesse del lettore e migliorare il ritmo della narrazione. L'alternanza tra frasi brevi e lunghe, semplici e complesse, aiuta a creare un flusso armonioso e coinvolgente nel testo.

Infine, durante la revisione del testo, è importante prestare attenzione alla coerenza della punteggiatura e della struttura delle frasi. Una revisione attenta può aiutare a individuare errori o ambiguità e apportare le correzioni necessarie per garantire la chiarezza e la coerenza del testo finale.

In sintesi, la punteggiatura e la struttura delle frasi sono elementi fondamentali della scrittura efficace. Un uso accurato e appropriato della punteggiatura e una struttura delle frasi chiara e coerente migliorano la leggibilità, la comprensione e l'appeal del testo, contribuendo così alla qualità complessiva del libro.

5. Editing Professionale: Consulenza e Revisione Esterna

L'editing professionale rappresenta una fase cruciale nel processo di perfezionamento di un libro, garantendo la massima qualità e professionalità del testo. Coinvolgere un editor professionista può offrire una prospettiva esterna e obiettiva sul lavoro dell'autore, individuando errori, migliorando la coerenza e ottimizzando la struttura narrativa.

Un editor professionista è in grado di valutare il testo in modo critico, analizzando la trama, lo sviluppo dei personaggi, lo stile di scrittura e la coerenza generale. Grazie alla sua esperienza e competenza nel settore, può offrire consigli preziosi per migliorare la struttura narrativa, eliminare eventuali incongruenze e risolvere problemi di coerenza.

La consulenza fornita da un editor professionista può riguardare diversi aspetti del testo, tra cui la struttura del racconto, la coerenza dei personaggi, la fluidità della narrazione e l'efficacia dello stile di scrittura. Attraverso suggerimenti mirati e revisioni dettagliate, l'editor collabora con l'autore per affinare ogni aspetto del libro e garantire che rispecchi pienamente la visione dell'autore.

Inoltre, un editor professionista può offrire una revisione linguistica accurata, correggendo errori grammaticali, ortografici e di punteggiatura, garantendo così la massima precisione e leggibilità del testo. Questo processo di editing linguistico è essenziale per garantire che il libro rispetti gli standard editoriali e soddisfi le aspettative dei lettori.

Oltre alla revisione del testo, un editor professionista può anche fornire suggerimenti su come ottimizzare la presentazione grafica del libro, inclusi aspetti come il layout del testo, la scelta del carattere e la formattazione delle pagine. Questo contribuisce a creare un prodotto finito esteticamente gradevole e professionale, che valorizzi il contenuto e attiri i lettori.

In conclusione, l'editing professionale rappresenta una risorsa indispensabile per gli autori che desiderano migliorare la qualità e l'appeal del proprio libro. Grazie alla consulenza esperta e alla revisione accurata fornita dagli editor professionisti, è possibile elevare il livello del testo, garantendo che raggiunga il massimo potenziale e sia pronto per essere condiviso con il pubblico.

6. Test di Lettura Beta: Feedback dei Lettori Prima della Pubblicazione

I test di lettura beta rappresentano un fondamentale strumento per gli autori desiderosi di ottenere feedback dettagliati e approfonditi sul proprio lavoro prima della pubblicazione ufficiale. Coinvolgere lettori beta consente di ottenere una prospettiva esterna e imparziale sul libro, identificando punti di forza e debolezza, individuando errori e suggerendo possibili miglioramenti.

L'organizzazione di test di lettura beta coinvolge la selezione di un gruppo di lettori rappresentativo del pubblico di riferimento del libro. Questi lettori vengono invitati a leggere il manoscritto in anteprima e a fornire un feedback dettagliato sulle loro impressioni, opinioni e suggerimenti.

È importante selezionare attentamente i partecipanti ai test di lettura beta, cercando lettori che siano appassionati del genere letterario del libro e che siano in grado di fornire un feedback costruttivo e onesto. Una varietà di opinioni e prospettive può essere estremamente utile per ottenere un'ampia gamma di feedback e garantire una valutazione equilibrata del testo.

Durante il processo di test di lettura beta, gli autori possono porre domande specifiche ai partecipanti per indirizzare il feedback verso aree specifiche del libro che desiderano valutare. Ad esempio, possono chiedere ai lettori di valutare la coerenza dei personaggi, la logica della trama, la chiarezza dello stile di scrittura e la capacità del libro di suscitare interesse ed emozioni.

Una volta completata la fase di lettura e raccolta dei feedback, gli autori analizzano attentamente le risposte dei lettori beta e utilizzano tali informazioni per apportare le modifiche necessarie al libro. Questo processo può includere la revisione della trama, lo sviluppo dei personaggi, il miglioramento dello stile di scrittura e la correzione di eventuali errori grammaticali o di punteggiatura.

Infine, dopo aver apportato le modifiche in base ai feedback dei lettori beta, gli autori sono pronti per procedere con la pubblicazione del libro. Il coinvolgimento dei lettori beta non solo contribuisce a migliorare la qualità del testo, ma anche a creare un legame più stretto con il pubblico di riferimento, aumentando le probabilità di successo del libro sul mercato.

Questo processo di feedback continuo e iterativo è essenziale per garantire che il libro soddisfi le aspettative dei lettori e offra loro un'esperienza di lettura soddisfacente e coinvolgente.

7. Monitoraggio delle Recensioni e Adattamento Continuo

Il monitoraggio delle recensioni rappresenta una tappa cruciale nel processo di miglioramento continuo della qualità del libro. Le recensioni dei lettori forniscono preziosi feedback dopo la pubblicazione del libro e offrono agli autori l'opportunità di valutare la risposta del pubblico e apportare eventuali adattamenti per soddisfare meglio le aspettative dei lettori.

Esaminare attentamente le recensioni dei lettori consente agli autori di identificare i punti di forza del libro, nonché gli aspetti che potrebbero necessitare di miglioramenti. Le recensioni positive offrono un incoraggiamento per gli autori e indicano ciò che i lettori hanno apprezzato del libro, consentendo loro di comprendere meglio quali elementi hanno avuto successo e meritano di essere mantenuti o ulteriormente sviluppati.

D'altra parte, le recensioni negative forniscono preziosi spunti di riflessione e indicano le aree in cui il libro potrebbe non aver soddisfatto le aspettative dei lettori. È importante affrontare le critiche in modo costruttivo e utilizzare tali feedback per guidare i successivi adattamenti e miglioramenti al testo.

Oltre alle recensioni scritte, è importante anche monitorare altri indicatori di feedback, come valutazioni a stelle e commenti sui social media. Questi dati possono offrire ulteriori informazioni sulle opinioni dei lettori e aiutare gli autori a comprendere meglio il pubblico di riferimento e le sue preferenze.

Basandosi sul feedback delle recensioni e di altri canali, gli autori possono quindi procedere con adattamenti e miglioramenti al libro. Questi adattamenti possono riguardare l'aggiornamento del contenuto, la revisione della trama o dei personaggi, l'ottimizzazione dello stile di scrittura o l'implementazione di suggerimenti specifici dei lettori.

Il processo di monitoraggio delle recensioni e di adattamento continuo è un ciclo iterativo che consente agli autori di affinare costantemente la qualità del loro lavoro e di offrire ai lettori esperienze di lettura sempre migliori. Questa attenzione al feedback del pubblico è fondamentale per mantenere un rapporto stretto con i lettori e garantire il successo a lungo termine del libro sul mercato.

XIX. Affrontare le Sfide e le Critiche

1. Gestione costruttiva delle critiche: Approcci positivi e strategie di risposta

La gestione costruttiva delle critiche è una parte essenziale del percorso di ogni autore. Le critiche, se gestite correttamente, possono essere preziose fonti di crescita e miglioramento. In questo capitolo esploreremo approcci positivi e strategie di risposta per affrontare le critiche in modo costruttivo e produttivo.

Il primo passo per gestire costruttivamente le critiche è accettare che esse fanno parte del processo creativo. Nessun autore è immune alle critiche, e accettare questo fatto è fondamentale per sviluppare una mentalità aperta e resiliente. Le critiche possono provenire da vari canali: lettori, colleghi scrittori, editori, e così via. È importante comprendere che le critiche non sono necessariamente un indicatore di fallimento, ma piuttosto un'opportunità per migliorare.

Una strategia chiave per gestire le critiche in modo costruttivo è adottare un atteggiamento aperto e non difensivo. Piuttosto che reagire emotivamente o sentirsi attaccati, gli autori dovrebbero cercare di analizzare le critiche in modo obiettivo e distaccato. Questo non significa necessariamente accettare ciecamente ogni critica ricevuta, ma piuttosto valutarla con attenzione e discernimento.

Inoltre, è importante distinguere tra critiche negative e critiche costruttive. Mentre le prime possono essere dolorose e demotivanti, le seconde offrono preziose indicazioni su come migliorare il proprio lavoro. Imparare a riconoscere e apprezzare le critiche costruttive è essenziale per crescere come scrittori.

Infine, una volta ricevute le critiche, è fondamentale sviluppare una strategia di risposta. Questo può includere il prendere tempo per riflettere sul feedback ricevuto, chiedere chiarimenti se necessario, e infine decidere come integrare le critiche nel proprio lavoro in modo significativo.

In conclusione, la gestione costruttiva delle critiche richiede un mix di apertura mentale, obiettività e resilienza emotiva. Affrontare le critiche con approcci positivi e strategie di risposta efficaci può essere un passo significativo verso il miglioramento continuo e il successo come autore.

2. Affrontare le critiche negative: Strategie per trasformarle in opportunità di miglioramento

Affrontare le critiche negative è una sfida per molti autori, ma può essere trasformato in un'opportunità di miglioramento significativa se gestito correttamente. In questo paragrafo, esploreremo alcune strategie efficaci per affrontare le critiche negative e utilizzarle come spinta per migliorare la propria scrittura.

Il primo passo per affrontare le critiche negative è quello di mantenere la calma e evitare una reazione impulsiva. È comprensibile sentirsi frustrati o feriti di fronte a un feedback negativo, ma è importante prendere una pausa per raccogliere le proprie emozioni prima di rispondere. Rispondere impulsivamente può portare a conflitti o a una comunicazione non efficace, quindi è meglio prendersi del tempo per elaborare le proprie reazioni.

Una volta che le emozioni sono sotto controllo, è utile analizzare le critiche in modo obiettivo e senza pregiudizi. Chiedersi se ci sia un fondo di verità nelle critiche e se ci siano aree della propria scrittura che potrebbero effettivamente beneficiare di un miglioramento. Anche se può essere difficile accettare le critiche negative, cercare di trovare il lato positivo e l'opportunità di crescita può essere estremamente utile.

Un'altra strategia importante è quella di chiedere chiarimenti e feedback aggiuntivi. Se le critiche non sono chiare o se si desidera una maggiore comprensione delle preoccupazioni sollevate, è perfettamente accettabile chiedere ulteriori dettagli o spiegazioni. Questo non solo dimostra un impegno per l'apprendimento e il miglioramento, ma può anche aiutare a chiarire eventuali fraintendimenti.

Inoltre, è utile cercare sostegno da parte di colleghi scrittori o di una comunità di autori. Parlare con altre persone che hanno affrontato critiche simili può fornire prospettive preziose e conforto emotivo. Lavorare insieme per affrontare le critiche in modo costruttivo può essere un modo efficace per superare le difficoltà e trovare soluzioni.

Infine, è importante ricordare che le critiche negative non definiscono il proprio valore come scrittori. Ognuno ha il diritto di avere le proprie opinioni e gusti, e il feedback negativo di una persona non deve necessariamente influenzare la propria autostima o fiducia nel proprio lavoro. Concentrarsi sulle opportunità di miglioramento e sulla continua crescita come autore può aiutare a mantenere una prospettiva positiva anche di fronte alle critiche più dure.

In conclusione, affrontare le critiche negative richiede pazienza, obiettività e una volontà di imparare e migliorare. Utilizzare le critiche come un'opportunità per crescere e sviluppare la propria scrittura può portare a risultati significativi e alla realizzazione del proprio potenziale come autore.

3. Resilienza e determinazione: Affrontare le sfide dell'autore nell'industria editoriale

Nel dinamico mondo dell'industria editoriale, gli autori devono affrontare una serie di sfide che richiedono resilienza e determinazione. L'ascesa di nuove tecnologie e piattaforme di pubblicazione, insieme alla crescente concorrenza nel mercato dei libri, mette spesso gli scrittori di fronte a ostacoli significativi. La resilienza diventa quindi un elemento cruciale per gli autori che desiderano navigare con successo questo ambiente mutevole e spesso impegnativo.

Affrontare le sfide dell'industria editoriale richiede una dose sana di determinazione. Gli autori devono essere pronti ad affrontare il rifiuto e le critiche, ad adattarsi ai cambiamenti del mercato e a perseverare nonostante le difficoltà. La determinazione è ciò che spinge gli autori a continuare a scrivere anche quando le cose sembrano avversarsi, a cercare nuove opportunità e a non arrendersi di fronte alle prime difficoltà incontrate lungo il percorso.

Nell'affrontare le sfide dell'industria editoriale, è essenziale per gli autori coltivare una mentalità resiliente che li aiuti a superare gli ostacoli e a crescere dalle esperienze negative. Questa mentalità permette loro di adattarsi alle mutevoli condizioni del mercato, imparare dagli errori e sviluppare una resistenza emotiva che li sostenga nei momenti di difficoltà.

In un panorama editoriale sempre più competitivo, la resilienza e la determinazione diventano quindi qualità fondamentali per gli autori che aspirano a raggiungere il successo. Saper affrontare le sfide con ottimismo e perseveranza può fare la differenza tra il raggiungimento degli obiettivi e il rinunciare ai propri sogni letterari.

4. Superare le difficoltà del processo creativo: Strategie per mantenere la motivazione e la fiducia

Superare le difficoltà del processo creativo è una sfida cruciale per gli autori, poiché spesso si trovano di fronte a ostacoli che minacciano di minare la loro motivazione e la fiducia nelle proprie capacità. Uno dei principali problemi che gli scrittori devono affrontare è il blocco dello scrittore, un fenomeno in cui si trovano improvvisamente incapaci di produrre nuovo materiale o di progredire nella stesura del loro lavoro. Per contrastare questo fenomeno, esistono diverse strategie che gli autori possono adottare.

Innanzitutto, è importante per gli scrittori comprendere che il blocco dello scrittore fa parte del processo creativo e non è necessariamente un indicatore di mancanza di talento o abilità. Accettare questo fatto può aiutare gli autori a ridurre l'ansia associata al blocco e a trovare modi per superarlo. Una tecnica utile è quella di prendersi una pausa dal progetto in corso e dedicarsi a attività creative diverse o a momenti di relax per liberare la mente e stimolare la creatività.

Inoltre, mantenere la motivazione è essenziale durante le fasi più difficili del processo creativo. Gli autori possono trovare ispirazione partecipando a gruppi di supporto per scrittori, partecipando a workshop o conferenze letterarie e cercando il sostegno di altri professionisti del settore. Anche la pratica di abitudini di scrittura regolari e la fissazione di obiettivi realistici possono aiutare a mantenere viva la motivazione e a superare le difficoltà.

Infine, è importante che gli autori imparino a gestire la propria autostima e la fiducia nelle proprie capacità. Spesso, le critiche negative o i fallimenti possono minare la fiducia di uno scrittore nel proprio lavoro. Tuttavia, è fondamentale ricordare che il successo nella scrittura richiede tempo, impegno e pratica costante. Mantenere una prospettiva positiva e concentrarsi sui progressi compiuti può aiutare gli autori a superare le difficoltà del processo creativo e a continuare a perseguire i propri obiettivi letterari.

5. Gestione dello stress e dell'autodubbio: Consigli pratici per affrontare le sfide dell'autore

La gestione dello stress e dell'autodubbio è fondamentale per gli autori che affrontano le sfide dell'industria editoriale. Scrivere e pubblicare un libro può essere un processo estremamente stressante e suscettibile di causare dubbi sulla propria abilità e sul valore del proprio lavoro. Tuttavia, esistono numerosi modi per affrontare queste sfide in modo efficace e costruttivo.

In primo luogo, è importante per gli autori sviluppare strategie di gestione dello stress che possano aiutarli a mantenere la calma e la chiarezza mentale durante i momenti difficili. Ciò può includere pratiche di rilassamento come la meditazione, lo yoga o la respirazione profonda, nonché l'esercizio fisico regolare e una dieta equilibrata. Anche la creazione di una routine giornaliera strutturata e il tempo dedicato al riposo e al relax possono contribuire a ridurre lo stress e a promuovere il benessere generale.

Inoltre, è essenziale che gli autori imparino a gestire l'autodubbio e l'insicurezza che possono sorgere durante il processo di scrittura e pubblicazione. Una strategia utile è quella di coltivare una mentalità positiva e di praticare l'autocompassione, riconoscendo e accettando i propri limiti e fallimenti senza giudizio. Gli autori possono anche trovare sostegno nella comunità degli scrittori, condividendo le proprie esperienze e preoccupazioni con colleghi e mentori che possono offrire supporto e prospettive preziose.

Inoltre, è importante che gli autori si impegnino attivamente nel miglioramento continuo delle proprie abilità e competenze. Ciò può includere l'aggiornamento della formazione attraverso corsi di scrittura creativa o workshop specifici sull'industria editoriale, nonché la ricerca di feedback e consigli da parte di professionisti del settore. L'adozione di un'attitudine aperta e orientata al miglioramento può aiutare gli autori a superare l'autodubbio e a crescere sia personalmente che professionalmente nel loro percorso di scrittura.

Infine, è importante che gli autori riconoscano l'importanza di prendersi cura della propria salute mentale e emotiva. Se l'autodubbio o lo stress diventano sopraffacenti, è fondamentale cercare supporto professionale da parte di uno psicologo o terapeuta qualificato. Parlarne apertamente e cercare aiuto non è un segno di debolezza, ma piuttosto un passo coraggioso verso il benessere e il successo a lungo termine come autore.

Questi sono solo alcuni dei consigli pratici che gli autori possono adottare per affrontare le sfide dello stress e dell'autodubbio nell'industria editoriale. Con una combinazione di strategie di gestione dello stress, supporto della comunità e impegno per il miglioramento personale, gli autori possono superare le difficoltà e realizzare il loro pieno potenziale come scrittori.

XX. Prospettive Future: Adattarsi alle Tendenze del Mercato e Innovare

1. Analisi delle Tendenze del Mercato: Sfide e Opportunità per gli Autori

Nel mondo in continua evoluzione dell'editoria, l'analisi delle tendenze di mercato riveste un ruolo cruciale per gli autori che desiderano prosperare e avere successo nel loro settore. Questa pratica non solo fornisce una panoramica delle attuali dinamiche del mercato librario, ma anche delle potenziali direzioni future che potrebbero influenzare il modo in cui i libri vengono scritti, pubblicati e consumati. Affrontare queste sfide e capitalizzare sulle opportunità emergenti richiede una comprensione approfondita dei cambiamenti nel comportamento dei consumatori, delle nuove tecnologie e piattaforme digitali, nonché delle tendenze culturali e sociali che plasmano il panorama dell'editoria moderna.

In particolare, le sfide che gli autori devono affrontare nel mercato attuale sono molteplici e mutevoli. Una delle principali è la crescente concorrenza nel settore dell'editoria, alimentata dall'accessibilità alla pubblicazione indipendente e all'autopubblicazione tramite piattaforme online come Amazon Kindle Direct Publishing (KDP) e altri servizi simili. Questo ha portato a un'esplosione di nuovi titoli sul mercato, aumentando la competizione per l'attenzione dei lettori e rendendo più difficile emergere dalla massa. Inoltre, il cambiamento nelle abitudini di lettura, con un crescente consumo di contenuti digitali e una maggiore preferenza per i formati audio e ebook, ha reso essenziale per gli autori adattare le proprie strategie di pubblicazione e marketing per soddisfare le esigenze di un pubblico sempre più diversificato e frammentato.

D'altra parte, queste sfide portano con sé anche opportunità significative per gli autori che sono disposti ad adattarsi e innovare. Il mercato dell'editoria digitale offre una vasta gamma di strumenti e risorse che consentono agli autori di raggiungere i loro lettori in modi nuovi e creativi. Piattaforme di self-publishing come KDP permettono agli autori di pubblicare i propri libri con facilità e di raggiungere un vasto pubblico globale senza dover passare attraverso i tradizionali canali editoriali. Inoltre, l'uso intelligente delle tecnologie emergenti come l'intelligenza artificiale e l'apprendimento automatico può aiutare gli autori a identificare nuove opportunità di mercato, comprendere meglio i propri lettori e migliorare la scoperta dei loro libri.

In questo contesto dinamico, è fondamentale per gli autori rimanere informati sulle tendenze di mercato in continua evoluzione e adattare le proprie strategie di scrittura, pubblicazione e marketing di conseguenza. Solo attraverso un'analisi attenta delle sfide e delle opportunità presenti nel mercato editoriale moderno, gli autori possono sperare di raggiungere il successo e prosperare nel loro mestiere.

2. Innovazione nel Processo di Scrittura: Nuove Tecnologie e Approcci Creativi

Nel panorama in continua evoluzione della scrittura creativa, l'innovazione è diventata una forza trainante fondamentale per gli autori che cercano di distinguersi e di creare opere coinvolgenti e originali. L'avvento delle nuove tecnologie ha aperto nuove possibilità per il processo di scrittura, consentendo agli autori di sperimentare con approcci creativi e strumenti innovativi per portare le proprie storie alla vita.

Una delle principali innovazioni nel processo di scrittura è l'uso crescente di strumenti digitali e software appositamente progettati per gli scrittori. Piattaforme di scrittura come Scrivener e Ulysses offrono una vasta gamma di funzionalità progettate per migliorare la produttività e l'organizzazione degli autori, consentendo loro di gestire facilmente note, ricerche, e struttura narrativa in un'unica interfaccia intuitiva. Inoltre, gli strumenti di correzione automatica e analisi stilistica possono aiutare gli autori a migliorare la qualità del loro lavoro identificando errori comuni e suggerendo modifiche per migliorare la chiarezza e la coerenza del testo.

Oltre agli strumenti digitali, le nuove tecnologie come la realtà virtuale (VR) e la realtà aumentata (AR) stanno emergendo come potenziali strumenti innovativi per la narrazione e la creazione di mondi immersivi. Gli autori possono utilizzare queste tecnologie per portare i lettori direttamente nell'ambientazione dei loro libri, consentendo loro di esplorare i luoghi e interagire con i personaggi in modi completamente nuovi. Questo non solo arricchisce l'esperienza di lettura, ma offre anche agli autori un nuovo mezzo per esprimere la propria creatività e coinvolgere i lettori in modo più profondo e coinvolgente.

Inoltre, l'uso di piattaforme di crowdsourcing e collaborazione online sta diventando sempre più diffuso tra gli autori che desiderano sfruttare la saggezza collettiva e la diversità delle prospettive per migliorare i loro lavori. Attraverso piattaforme come Wattpad e Scribophile, gli autori possono condividere i propri lavori in corso con una vasta comunità di lettori e scrittori, ricevere feedback e collaborare con altri autori per affinare le proprie abilità narrative e sviluppare nuove idee.

In sintesi, l'innovazione nel processo di scrittura offre agli autori una serie di nuove opportunità per esplorare e sperimentare, consentendo loro di creare opere che si distinguono per la loro originalità e creatività. Abbracciare le nuove tecnologie e gli approcci creativi può aiutare gli autori a superare le sfide del mercato editoriale in continua evoluzione e adattarsi alle esigenze e alle aspettative mutevoli dei lettori moderni.

3. Adattamento alle Preferenze dei Lettori: Personalizzazione e Segmentazione

Nel mondo editoriale in rapida evoluzione, l'adattamento alle preferenze dei lettori è diventato cruciale per il successo degli autori. La personalizzazione e la segmentazione delle opere consentono agli scrittori di creare contenuti che risuonano con il loro pubblico target, migliorando l'esperienza complessiva di lettura e aumentando l'engagement dei lettori.

Una delle strategie più efficaci per adattarsi alle preferenze dei lettori è la personalizzazione dei contenuti. Questo può avvenire su diversi livelli, dalla creazione di personaggi e trame che riflettono le esperienze e gli interessi del pubblico di riferimento, alla scelta di stili narrativi e toni di voce che si allineano con le aspettative dei lettori. Ad esempio, se il pubblico target è composto principalmente da giovani adulti appassionati di fantascienza, l'autore potrebbe optare per una trama avventurosa con personaggi giovani e dinamici, utilizzando un linguaggio moderno e informale per coinvolgere i lettori.

Oltre alla personalizzazione dei contenuti, la segmentazione del pubblico è un'altra strategia chiave per adattare le opere alle preferenze dei lettori. Questo implica la suddivisione del pubblico in segmenti più piccoli in base a fattori demografici, interessi o comportamenti di lettura, al fine di creare contenuti mirati e rilevanti per ciascun gruppo. Ad esempio, un autore potrebbe scegliere di indirizzare una campagna promozionale specifica verso i lettori interessati al genere thriller psicologico, offrendo loro contenuti esclusivi o anteprime dei prossimi libri nella stessa categoria.

L'uso di dati e analisi di mercato può svolgere un ruolo fondamentale nell'adattare le opere alle preferenze dei lettori. Monitorando le tendenze di lettura, raccogliendo feedback dai lettori e analizzando i dati di vendita, gli autori possono identificare i gusti e le preferenze del loro pubblico target e regolare di conseguenza la loro strategia di scrittura e marketing. Ad esempio, se i dati indicano un aumento dell'interesse per i romanzi storici ambientati in epoche specifiche, gli autori potrebbero decidere di sviluppare opere in linea con questa tendenza per soddisfare la domanda di mercato.

In definitiva, adattarsi alle preferenze dei lettori attraverso la personalizzazione, la segmentazione e l'analisi dei dati è essenziale per mantenere la rilevanza e il successo nel mercato editoriale in continua evoluzione. Gli autori che comprendono appieno le esigenze e i desideri del loro pubblico hanno maggiori probabilità di creare opere che si distinguono e che attraggono un seguace fedele e appassionato.

4. Strategie di Marketing Avanzate: Dalla Targettizzazione alla Fidelizzazione

Le strategie di marketing avanzate rappresentano un fondamentale ponte tra l'autore e il suo pubblico, consentendo di trasformare il semplice interesse dei lettori in un solido legame di fiducia e fedeltà. Queste strategie si basano su una comprensione profonda del pubblico target e sfruttano le più recenti tecnologie e metodologie per raggiungere e coinvolgere i lettori in modi innovativi ed efficaci.

Una delle componenti chiave delle strategie di marketing avanzate è la targettizzazione mirata. Questo approccio implica l'utilizzo di dati demografici, comportamentali e di interesse per identificare e raggiungere in modo preciso il pubblico più propenso ad essere interessato alle opere dell'autore. Attraverso l'analisi dei dati di lettura, dei feedback dei lettori e delle tendenze di mercato, gli autori possono identificare i segmenti di pubblico più promettenti e creare messaggi e offerte personalizzate per ciascun gruppo.

Tuttavia, la targettizzazione è solo il primo passo verso il successo nel marketing avanzato. Una volta che i lettori sono stati raggiunti e hanno manifestato interesse per le opere dell'autore, è essenziale concentrarsi sulla fidelizzazione del pubblico. Questo significa creare un'esperienza coinvolgente e gratificante per i lettori, che vada oltre la semplice transazione di acquisto e che li incoraggi a tornare per ulteriori letture e interazioni.

Le strategie di fidelizzazione possono assumere molte forme, tra cui l'offerta di contenuti esclusivi per i membri della community dell'autore, l'organizzazione di eventi speciali per i lettori fedeli e la creazione di programmi di fedeltà che premiano gli acquirenti frequenti con sconti e vantaggi speciali. Inoltre, è importante mantenere un canale di comunicazione aperto con i lettori, accogliendo i loro feedback e rispondendo prontamente alle loro domande e preoccupazioni.

Utilizzando un approccio integrato che combina
targettizzazione mirata e strategie di fidelizzazione efficaci, gli
autori possono costruire un rapporto duraturo con il loro
pubblico e ottenere un successo duraturo nel mercato editoriale.
Investire tempo ed energie nelle strategie di marketing avanzate
può portare a risultati significativi, non solo in termini di
vendite e visibilità, ma anche di soddisfazione del pubblico e
crescita personale ed editoriale dell'autore.

5. Sviluppo di Nuovi Formati di Contenuto: Esplorare le Frontiere della Narrazione

Lo sviluppo di nuovi formati di contenuto rappresenta
un'opportunità eccitante e innovativa per gli autori di esplorare
nuove frontiere nella narrazione e nell'esperienza di lettura.
Con l'avvento delle tecnologie digitali e immersive, i confini tra
testo, immagini, audio e video si stanno sempre più sfumando,
consentendo agli autori di creare opere multidimensionali e
coinvolgenti che vanno oltre il tradizionale libro stampato.

Una delle tendenze emergenti nel mondo editoriale è la
creazione di contenuti arricchiti, che integrano elementi
multimediali come immagini, video, audio e interattività
all'interno del testo stesso. Questi formati ibridi offrono ai
lettori un'esperienza più coinvolgente e immersiva,
permettendo loro di esplorare il mondo della storia in modi
completamente nuovi. Gli autori possono sfruttare questa
opportunità per arricchire la narrazione con contenuti extra,
come interviste con i personaggi, documentari sullo sfondo
della storia o illustrazioni animate.

Oltre ai formati arricchiti, gli autori possono anche esplorare nuovi modi di distribuire e presentare il loro contenuto. Ad esempio, i podcast narrativi stanno diventando sempre più popolari come mezzo per raccontare storie, consentendo agli autori di raggiungere un pubblico più ampio e di coinvolgere i lettori in modi diversi. Allo stesso modo, i formati di serie, come i romanzi episodici o a puntate, stanno guadagnando terreno, offrendo agli autori la possibilità di mantenere l'interesse del pubblico nel tempo e di sfruttare la suspense e l'attesa per generare hype e partecipazione.

Infine, gli autori possono anche considerare l'utilizzo di tecnologie emergenti come la realtà virtuale (VR) e la realtà aumentata (AR) per creare esperienze di lettura completamente immersive. Queste tecnologie consentono ai lettori di entrare fisicamente nel mondo della storia, interagendo con i personaggi e l'ambiente circostante in modi mai visti prima. Anche se al momento queste tecnologie sono ancora in fase sperimentale, offrono un'enorme potenziale per trasformare radicalmente il modo in cui le storie vengono raccontate e consumate.

Vuoi un nostro libro a soli 0,99€? Ecco come fare!

Ciao!
Se ti è piaciuto questo libro, puoi ricevere il prossimo titolo **a soli 0,99€**, scegliendo tra:

📖 eBook
🖨 PDF di un libro cartaceo

Segui questi semplici passaggi:

📍 **1.** Condividi la tua esperienza sul sito dove hai effettuato l'acquisto.

📍 **2.** Invia uno screenshot **del tuo feedback** dove si legge anche la dicitura "Acquisto verificato" a:
info.testicreativi@gmail.com

📍 **3.** Riceverai un codice sconto personale da utilizzare sul nostro store online, valido per ottenere il prossimo libro **a soli 0,99€**.

📚 La tua opinione conta davvero: ogni recensione ci aiuta a crescere e permette a nuovi lettori di scoprire i nostri libri.

Grazie di cuore per il tuo tempo e buona lettura!